STORIA E STORIE

IL TESORO OCCULTO DEI NAZISTI

Michael Fitzgerald

STORIA E STORIE

E ALTRI MISTERI IRRISOLTI DELLA SECONDA GUERRA MONDIALE

GIUNTI

Titolo originale: *Unsolved Mysteries of WWII*
copyright © Arcturus Holdings Limited
First published in 2019 by Arcturus Publishing Limited,
26/27 Bickels Yard, 151-153 Bermondsey Street, London SE1 3HA

Traduzione di Irene Annoni per Studio Editoriale Littera

Referenze fotografiche:
Getty Images: © Ullstein Bild, pp. 13, 31, 79, 98, 137, 202, 212, 219; © Library of Congress, p. 16; © Bettmann, pp. 42, 266; © Express/Hulton Archive, p. 72; © Terry Smith, p. 83; © Keystone, p. 91; © Hulton Deutsch, p. 122;© 2014 Arkivi, p. 145; © Paul Popper/ Popperfoto, p. 163; © Photo12/Universal Images Group, pp. 172, 262; © Popperfoto, p. 198; © Wojtek Laski, p. 235.

www.giunti.it

Via Bolognese 165 - 50139 Firenze - Italia
Via G.B. Pirelli 30 - 20124 Milano - Italia
Prima edizione: gennaio 2020
Prima ristampa: novembre 2021

FSC www.fsc.org
MISTO
Carta da fonti gestite in maniera responsabile
FSC® C115118

Stampato presso Elcograf S.p.A., stabilimento di Cles

INDICE

INTRODUZIONE

Il periodo della Seconda guerra mondiale è tra le epoche meglio documentate della storia: in anni recenti, l'apertura di archivi segreti ha gettato nuova luce su eventi un tempo avvolti dal mistero, il test del DNA ci ha permesso di identificare con certezza i resti umani, e gli aspetti ancora sconosciuti del conflitto sono oggi in numero drasticamente inferiore rispetto anche solo agli anni Ottanta.

Malgrado i progressi, tuttavia, rimangono numerose zone d'ombra: vicende poco chiare per cui talvolta si è giunti a una probabile spiegazione, ma che per lo più restano del tutto enigmatiche. Questo libro ne ripercorre molteplici.

Una pilota tedesca volò davvero su New York e sul Michigan? Perché due sottomarini nazisti scomparvero per due mesi a fine conflitto, prima di ricomparire – e arrendersi – in Argentina?

E l'attentato di Monaco nel 1939? *Il tesoro occulto dei nazisti* ripercorre quell'episodio, ispiratore di mille teorie complottiste, separando i fatti dalla leggenda, la propaganda dalla pura invenzione, e offrendo la più plausibile ricostruzione del fallito tentativo di assassinare Hitler.

Esamina poi eventi accaduti in Gran Bretagna, America, Russia, Francia, Germania, Italia, Africa settentrionale, Giappone, indagando su morti misteriose e sulla presunta sopravvivenza di figure chiave del periodo bellico, tra cui Hitler e Bormann.

Durante il conflitto lo spionaggio implicava una considerevole attività di disinformazione, sia da parte degli Alleati sia da parte delle potenze dell'Asse. L'*affaire* Velsen, che vide trucidare alcuni militanti della Resistenza olandese nelle fasi conclusive della guerra, resta a tutt'oggi un mistero sconcertante. Ancora non è chiaro se le uccisioni siano state compiute dai nazisti, dai collaborazionisti o da anticomunisti olandesi. I funzionari di polizia che hanno tentato di indagare sulla vicenda sono stati minacciati di morte.

La «Battaglia di Los Angeles» comportò una cospicua attività militare contro velivoli di presunta provenienza giapponese. La teoria secondo cui la metropoli californiana sia stata oggetto di un attacco aereo nemico è stata definitivamente confutata, ma la reale natura dell'evento rimane incerta.

La Seconda guerra mondiale ha visto inoltre compiersi immani saccheggi e in molti casi le sorti di quei «tesori perduti» sono del tutto ignote. Per esempio, la celebre «Camera d'ambra», donata a Pietro il Grande dal re di Prussia, svanì alla fine del conflitto. Distrutta dai bombardamenti? Trafugata dai nazisti? Rimossa dagli stessi russi? Anche le vicissitudini della «bandiera di sangue» nazista e del mappamondo di Hitler – immortalato da Charlie Chaplin nel film *Il grande dittatore* – restano sconosciute. Le riserve d'oro dei tedeschi, conservate presso la Reichsbank, furono depredate a più riprese da vari gruppi di individui, tra cui le SS, l'Armata Rossa e le forze armate statunitensi, ma la loro attuale collocazione è un enigma.

Hitler alla Bürgerbräukeller di Monaco nel 1938. Sullo sfondo è visibile la *Blutfahne* («bandiera di sangue»), sorretta dal suo attendente speciale Jakob Grimminger. La bandiera scomparve nel 1944 e non è stata mai più rivista.

Nel corso dell'Esposizione Universale del 1940 ci fu una misteriosa esplosione che uccise due agenti di polizia: le responsabilità dell'attentato non sono mai state accertate con chiarezza.

Tra i misteri di natura militare figurano il crollo inaspettato dell'esercito francese nel 1940, il mancato attacco dei panzer tedeschi a Dunkerque, le carenze comunicative e difensive americane a Pearl Harbor. *Il tesoro occulto dei nazisti* indaga questi e molti altri misteri dell'epoca bellica.

Il volo di Rudolf Hess in Gran Bretagna e la morte dell'attore Leslie Howard su un aereo civile colpito dalla Luftwaffe sono eventi ben noti; altre delle vicende ripercorse in questo libro saranno invece meno conosciute.

Oltre a trattare numerosi episodi di grande notorietà, infatti, *Il tesoro occulto dei nazisti* ne esamina alcuni «minori», spesso ignoti al grande pubblico. Molte domande sugli accadimenti della Seconda guerra mondiale restano ancora oggi senza risposta: in certi casi esistono spiegazioni plausibili, ma altri rimangono totalmente avvolti dal mistero. E la verità potrebbe non affiorare mai.

LA «BATTAGLIA DI LOS ANGELES» 1

Questo singolare evento ha avuto luogo tra il 24 e il 25 febbraio 1942 e ha ricevuto le spiegazioni più diverse. È avvenuto a meno di tre mesi dall'attacco giapponese a Pearl Harbor e appena un giorno dopo che il sottomarino nipponico I-17 aveva bombardato la raffineria di Ellwood. Sulle prime si pensò che il Giappone avesse lanciato un raid aereo sulla California, ma l'idea fu ben presto smentita dal Segretario alla marina degli Stati Uniti.

La notte tra il 24 e il 25 febbraio fu un susseguirsi di allarmi aerei. Vennero mobilitati gli *air raid warden*, i riservisti civili con mansioni di sicurezza in caso di attacco, e si ordinò un blackout generale nell'area. Alle 3.16 del mattino la 37ª Brigata d'artiglieria costiera decise di aprire il fuoco, con mitragliatrici calibro 50 e proiettili antiaerei da 5,8 chili, contro l'oggetto volante non identificato. Si allertarono inoltre i piloti, ma nessun velivolo fu fatto decollare. Si continuò a sparare fino alle 4.14, quando venne diramato l'*all-clear*, mentre alle 7.21 veniva revocato il blackout.

I proiettili avevano danneggiato edifici e veicoli e c'erano stati cinque morti: due per infarto e tre in incidenti stradali dovuti al caos suscitato dall'evento. Qualche ora dopo il termine del presunto raid, il Segretario alla marina tenne una conferenza stampa, attribuendo l'episodio – così si espresse – al «nervosismo di guerra». Il generale George C. Marshall alluse al possibile impiego di velivoli commerciali nell'ambito di una strategia di guerra psicologica.

Gli organi di informazione espressero perplessità. Si sostenne che l'impreparato governo USA, colto alla sprovvista da un attacco a sorpresa giapponese, stesse tentando di nascondere la propria inefficienza. Furono avanzate ipotesi circa la presenza di basi nascoste in Messico e di una flotta di sottomarini giapponesi, armati di missili a lunga gittata, al largo della costa americana. Un'altra teoria sosteneva che le autorità americane

La fabbrica aeronautica nordamericana di Inglewood, vicino a Los Angeles, aumentò la produzione di P-51 Mustang per far fronte a possibili incursioni di velivoli nemici. Lo scatto qui riprodotto è del 1942 circa.

avessero inscenato deliberatamente l'episodio in cerca di un pretesto per spostare nell'entroterra le industrie strategiche della zona costiera.

Il deputato di Santa Monica Leland Ford richiese un'inchiesta parlamentare, dichiarando:

> Nessuna delle spiegazioni finora fornite ha estromesso l'episodio dalla categoria della «mistificazione completa»... Si è trattato di un'esercitazione aerea o di un raid compiuto nell'intento di seminare il terrore in due milioni di persone, di un'incursione erroneamente identificata oppure voluta per motivare politicamente il trasferimento delle industrie belliche della California meridionale.

I suoi appelli vennero ignorati e gli eventi rimasero avvolti nel mistero, oggetto di congetture e teorie complottiste di ogni genere.

L'ATTACCO A ELLWOOD

L'orrore di Pearl Harbor era ancora vivo nella memoria degli americani e l'attacco sottomarino a Ellwood, appena un giorno prima, aveva generato un senso di panico. In un clima simile non sorprende che la notizia di un attacco aereo abbia fatto scalpore, diventando ben presto oggetto delle più diverse elucubrazioni complottiste.

La devastazione causata dall'incursione su Pearl Harbor era stata amplificata dall'attività navale del nemico e i giapponesi avevano inviato sette sottomarini a pattugliare la West Coast americana. Per due volte i sottomarini si erano ritrovati coinvolti in scontri con la marina o l'aviazione degli Stati Uniti e avevano affondato diverse navi mercantili, prima di rientrare in patria, alla fine di dicembre, per la manutenzione e i rifornimenti.

Il sottomarino giapponese I-17 era poi tornato in acque americane. Nel periodo prebellico il suo comandante, Kozo Nishino, era stato al comando di una nave mercantile e gli era capitato di rifornire l'imbarcazione a Ellwood prima di far ritorno in Giappone. Mentre si dirigeva a piedi verso la raffineria era inciampato, cadendo su un gruppo di opunzie; gli operai si erano sbellicati dalle risate vedendogli estrarre le spine dal fondoschiena, e in seguito qualcuno sostenne che l'episodio lo avrebbe indotto a bersagliare l'impianto, una volta tornato nell'area durante la guerra.

Nishino ordinò ai suoi artiglieri di mirare a un serbatoio di carburante aereo e il fuoco iniziale arrivò vicino ai serbatoi di stoccaggio. Sulle prime, i pochi operai in servizio pensarono che il boato fosse dovuto a un'esplosione interna, poi uno di loro vide il sottomarino. Quando fu preso di mira il secondo serbatoio il personale chiamò la polizia, ma erano già state sparate diverse raffiche allorché fu presa la decisione.

Altre granate colpirono un ranch nelle vicinanze, una passò sopra al Wheeler's Inn e venne allertato l'ufficio dello sceriffo della contea di Santa Barbara; un'altra colpì e danneggiò il molo di Ellwood. Il fuoco nemico distrusse una gru e una stazione di pompaggio, danneggiò una passerella. L'intera operazione durò venti minuti, poi Nishino diede ordine di cessare il fuoco. Furono sparati in tutto tredici colpi.

Non appena giunse la notizia dell'attacco, gli Stati Uniti inviarono aerei all'inseguimento del nemico. A questi si unirono tre bombardieri, nel tentativo di distruggere il sottomarino, ma nessuno riuscì a colpire il bersaglio. Il comando dell'aviazione aveva dispiegato una quantità così limitata di forze perché temeva che il raid fosse un diversivo orchestrato per distogliere il grosso delle risorse da un altro obiettivo. Alcuni nippo-americani fedeli agli Stati Uniti misero subito in guardia circa il rischio di un'incursione aerea su Los Angeles fin dal giorno successivo.

LO «SCONTRO AEREO»

L'attacco a Ellwood generò un panico del tutto sproporzionato alla sua efficacia. Con il ricordo dell'incursione ancora vivo nelle menti delle persone, il giorno dopo vide attuare una sostenuta «controffensiva» nei confronti di un «intruso» sconosciuto e non identificato.

A seguito dell'aggressione alla raffineria, l'intelligence navale aveva avvertito del probabile rischio di un raid aereo nel giro di una decina di ore e quella sera ci furono varie segnalazioni di lampi di luce nella zona delle strutture difensive. Alla fine i vari «allarmi» vennero revocati, ma la mattina del 25 febbraio le «ostilità» cominciarono sul serio.

Ebbero inizio quando gli operatori radar individuarono un oggetto volante, 193 chilometri a ovest di Los Angeles. I velivoli dell'aviazione rimasero a terra, ma vennero allertate alcune batterie antiaeree. I radar indicarono ben presto un obiettivo che era appena a qualche chilometro di distanza dalla costa e, alle 2.21 del mattino, fu ordinato un blackout generale.

Ben presto seguirono diffuse segnalazioni di «avvistamenti» di «aerei nemici», poi ogni traccia dell'oggetto misterioso scomparve dai radar. Alcuni testimoni, però, riferirono di aver visto aerei nelle vicinanze di Long Beach e un colonnello dell'artiglieria costiera riportò di aver avvistato «circa 25 aerei a 12.000 piedi di altezza»[1] sopra la città di Los Angeles. Una ventina di minuti dopo fu avvistato un pallone aerostatico dalla rossa fiammata in volo sopra Santa Monica. Fu prontamente attaccato da quattro batterie antiaeree. In seguito a quella reazione, «il cielo sopra Los Angeles eruttava come un vulcano».

Alle 3.16 la città sentì ululare gli allarmi. Batterie antiaeree e mitraglieri cominciarono a far fuoco su vari obiettivi, da Santa Monica a Culver City. Nel corso dell'allarme furono sparati oltre 1400 proiettili. Migliaia di persone videro l'antiaerea sparare e non mancarono testimonianze di prima mano degli strani eventi di quel mattino di febbraio. Queste, forse comprensibilmente, non erano coerenti tra loro e risultavano spesso confuse: vi era scarso accordo su ciò che si era visto con esattezza.

Alcuni descrissero un velivolo simile a un dirigibile; altri insistevano che l'oggetto volante somigliava più a un pallone. Un certo numero di persone dichiarò di aver visto un aereo. Le dichiarazioni più sconcertanti paragonavano l'oggetto a una farfalla gigante o a una caffettiera.

Nella confusione e nel panico è comprensibile che i testimoni civili abbiano fornito versioni diverse. Più sorprendente è forse il fatto che non solo alcuni artiglieri, ma anche vari piloti, abbiano descritto in modi differenti l'accaduto.

Alcuni dissero di aver visto un solo aereo, altri un'intera squadriglia di velivoli giapponesi o persino una flotta di portaerei che, insistevano, era stata inseguita dai caccia americani. Nessuno alluse a invasori extraterrestri: questa particolare interpretazione della vicenda sarebbe giunta anni dopo.

1. Ossia a 3658 metri. [N.d.T.]

LE TEORIE GIORNALISTICHE

A seguito della singolare «battaglia» i giornali avanzarono una serie di ipotesi strampalate per dar conto degli insoliti eventi. Alcuni sostennero che velivoli giapponesi avevano effettivamente sorvolato Los Angeles e che le forze armate fossero troppo in imbarazzo per ammettere di essersi lasciate cogliere di sorpresa dal nemico. Una teoria complottista piuttosto popolare ipotizzò che i produttori di armamenti avessero organizzato un finto attacco usando aerei civili per spaventare il governo e farsi autorizzare a trasferire le loro fabbriche nell'entroterra.

I vari dipartimenti governativi parevano incapaci di mettersi d'accordo sui particolari dell'accaduto o di fornirne una spiegazione univoca. Frank Knox, Segretario alla marina, nella conferenza stampa del 25 febbraio annunciò che il raid era stato un falso allarme. Ammise che la West Coast era esposta ad attacchi nemici e auspicò che qualunque impianto strategico e altre linee di produzione dell'area costiera venissero spostati nell'interno.

L'esercito appariva alquanto incerto in merito agli eventi della nottata. Poco dopo la fine del raid il Comando di Difesa occidentale aveva inoltrato a Washington un rapporto in cui si sosteneva che con forte probabilità non era avvenuto alcun attacco. Il Comando affermava che «quasi tutti i report precedenti erano stati notevolmente esagerati». Anche la Quarta Forza aerea concluse che nessun aereo di alcun genere aveva sorvolato Los Angeles quella notte.

Il giorno dopo, sentite le dichiarazioni di numerosi testimoni oculari, l'esercito decise che c'erano stati aerei non identificati – da uno a cinque – in volo sopra la città. Questa divenne poi la versione ufficiale del Dipartimento della guerra. Il Segretario alla guerra Henry Stimson avanzò due possibili teorie circa l'identità dei misteriosi velivoli: stando alla prima si sarebbe trattato di aerei leggeri lanciati da sottomarini giapponesi, stando alla seconda di aerei commerciali decollati da basi nipponiche nascoste in California o in Messico. Riteneva fossero velivoli da ricognizione che tentavano di localizzare strutture difensive antiaeree nell'area e che avevano al tempo stesso lo scopo di fiaccare il morale della popolazione civile.

I media, non convinti dalle varie spiegazioni ufficiali e scettici nei confronti delle diverse «soluzioni» fornite, cominciarono a lanciare accuse di insabbiamento. Il 26 febbraio il «Los Angeles Times» riportò in prima pagina un editoriale secondo cui le spiegazioni ufficiali erano del tutto insensate. Considerato «il notevole livello di agitazione e di panico» prodotto dagli eventi, scrisse, si rendeva necessaria un'inchiesta formale: il pubblico aveva il diritto di conoscere la verità.

Il 27 febbraio, il «Washington Post» disse che le autorità mantenevano «un ostinato silenzio» e si erano fatte prendere dal panico di fronte a eventi di natura incerta. Liquidò inoltre la teoria degli aerei commerciali, dichiarando che essa spiegava «tutto tranne da dove venissero, dove andassero e perché nessun aereo americano fosse stato mandato all'inseguimento».

Il «New York Times» del 28 febbraio trovava l'intera vicenda del tutto sconcertante. Affermò:

> Se le batterie antiaeree stavano sparando al nulla più completo, come lascia intendere il segretario Knox, ciò è segno di dispendiosa incompetenza e nervosismo. Se invece stavano sparando ad aerei reali, alcuni dei quali a un'altitudine di appena 9000 piedi[2], come dichiara il segretario Stimson, perché

2. Ossia a 2744 metri. [N.d.T.]

sono state del tutto inefficienti? Perché nessun apparecchio americano è andato ad affrontarli o anche solo a identificarli? Cosa sarebbe successo, se ci fosse stato un vero raid aereo?

La verità è che le difese antiaeree americane erano del tutto impreparate a fronteggiare qualunque tipo di incursione aerea. Se il curioso evento di quella notte fosse stato un autentico attacco giapponese, avrebbe seminato un'ampia devastazione.

Dopo la fine della guerra, interpellate sulla vicenda, le autorità giapponesi dichiararono che nessun aereo nazionale si era trovato nell'area all'epoca degli eventi. Qualcuno sarebbe decollato in una fase successiva da sottomarini al largo di Seattle, ma nella notte in questione non c'era stato alcun aereo giapponese anche solo nelle vicinanze di Los Angeles.

In totale assenza di prove di un coinvolgimento di caccia o bombardieri nipponici e vista la lieve entità dei danni, è praticamente certo che gli accadimenti della «Battaglia di Los Angeles» non siano stati effetto di un'incursione nemica.

CHE COSA ACCADDE VERAMENTE?

La spiegazione ufficiale, a guerra finita, fu che alcuni palloni sonda rilasciati sopra Los Angeles erano stati scambiati per aeroplani nemici. Certo è che gli obiettivi presi di mira dalle unità antiaeree si muovevano troppo lentamente per essere aerei giapponesi. Una volta aperto il fuoco il fumo presente nell'aria aveva reso assai più difficile un'esatta identificazione e, con il clima di panico generale, non sorprende che si sia continuato a sparare anche in mancanza di prove di un'effettiva presenza del nemico.

Il comandante della brigata in azione sul posto ammise che, se all'inizio aveva creduto di vedere ben quindici aerei nel cielo, si era ben presto reso conto che il fumo prodotto dagli spari lo traeva in inganno. E alcuni testimoni presenti durante la risposta a fuoco dichiararono che non avrebbero mai potuto distinguere la forma di un aereo. Era inoltre curioso che gli «aerei» non avessero in alcun modo tentato di bombardare l'area, che pure conteneva strategici impianti militari. L'ipotesi avanzata da Stimson, secondo cui i velivoli avessero compiti di ricognizione, è plausibile, ma del tutto indimostrata. Il fatto che la maggioranza dei testimoni non sia riuscita a cogliere alcun segno irrefutabile della presenza di aerei rende questa teoria fortemente improbabile.

Secondo un'altra delle spiegazioni proposte, quella avvistata dai testimoni fu in realtà un'arma segreta giapponese: il pallone bomba Fu-Go. Dispositivi simili esistevano sicuramente, ma non furono sganciati sugli Stati Uniti fino al 1944. Secondo gli archivi giapponesi la progettazione degli stessi neppure iniziò prima della fine del 1942, dunque non avrebbero mai potuto essere usati nell'«attacco» a Los Angeles.

L'idea dei palloni bomba come armi a lungo raggio è precedente al loro impiego da parte del Giappone: in Gran Bretagna era stato commissionato uno studio sulla loro efficacia fin dal 1937. L'Operazione Outward, com'era chiamata, venne approvata al termine del 1941 e attuò i primi lanci nel marzo del 1942, proseguendo poi fino agli sbarchi del D-Day e concludendosi definitivamente nel settembre 1944. Non vi è alcuna prova che i giapponesi abbiano usato palloni bomba in guerra prima del progetto Fu-Go della fine del 1942, benché non sia impossibile che lo abbiano fatto.

L'idea che la vicenda sia da ascrivere interamente al panico generato dal bombardamento di Ellwood mal si concilia con il fatto che gli operatori radar avessero effettivamente rilevato un oggetto volante. Sembrava arrivare dal Pacifico e si spostava lentamente verso la terraferma. A ciò fecero seguito, ben presto, le segnalazioni di aerei giapponesi avvistati sopra la California. Il fuoco dell'artiglieria fu conseguenza di quel clima di panico, perché gli Stati Uniti erano impreparati ad affrontare un attacco nemico e le unità antiaeree spararono all'impazzata contro i presunti invasori, senza alcun successo. Si riportarono notizie di velivoli giapponesi abbattuti dall'antiaerea, ma l'indagine successiva dimostrò l'infondatezza delle segnalazioni.

È difficile immaginare che un errore di identificazione, ancorché di così notevole portata, abbia potuto comportare una risposta a fuoco della durata di un'ora e mezza. Il clima di tensione e il fumo prodotto dall'antiaerea ebbero sicuramente un ruolo nel provocarla; le versioni contraddittorie dei membri delle forze armate e le diverse teorie avanzate dai portavoce governativi, poi, non aiutarono certo a chiarire la situazione. Tra tanta genuina confusione, forse accompagnata da una deliberata opera di disinformazione, non stupisce che la vicenda abbia finito per alimentare varie teorie complottiste.

LEGGENDE METROPOLITANE

Stando a una delle leggende più diffuse sulla «Battaglia di Los Angeles», il velivolo avvistato nella notte in questione somigliava a una farfalla gigante. La fantasiosa versione è stata attribuita a un articolo del «Reno Evening Gazette» datato 26 febbraio 1942, dal titolo *Confusione a Los Angeles su allarme raid aereo*; un'attenta analisi del pezzo, tuttavia, mostra come non contenesse alcuna menzione di un simile, bizzarro avvistamento. L'attribuzione della notizia risale, in effetti, agli anni Sessanta, a seguito degli avvistamenti del cosiddetto «Uomo falena» (varie segnalazioni di un essere volante di aspetto umanoide in West Virginia), quando gli eventi del 1942 furono posti in relazione con accadimenti successivi. Poiché il «Reno Evening Gazette» non citava in alcun modo una «farfalla gigante», la teoria si può tranquillamente ignorare. Né i media dell'epoca né i testimoni oculari descrissero un fenomeno del genere.

Altra leggenda sulla «battaglia» è che nulla sia stato fatto per inviare aerei a verificare e affrontare eventuali intrusioni. Trascorse quasi un'ora tra i primi allarmi aerei e l'inizio della risposta a fuoco. I velivoli in realtà erano sulle piste, pronti a entrare in azione, ma visto lo scarso numero di caccia nella zona, si decise di aspettare gli sviluppi, prima di impegnarli in un possibile scontro aereo.

I PRIMI RADAR AMERICANI

Ecco un altro aspetto curioso della vicenda: ufficialmente, gli Stati Uniti non possedevano un sistema di rilevazione radar all'epoca del «raid», ma un documento governativo del 1983 sostiene che in realtà ne fossero dotati in qualche forma già nel 1942. Certo il dispositivo non era sofisticato come i sistemi giunti in seguito, ma la sua esistenza riconferma che durante la guerra molte armi segrete erano disponibili su entrambi i fronti assai prima di quanto si ritenga.

Il sistema radar in uso in quel periodo era un SCR-268: il dispositivo aveva un presunto raggio d'azione di appena 35 chilometri e tuttavia l'oggetto misterioso fu rilevato a una distanza di 193 chilometri da Los Angeles.

La spiegazione più logica di tale discrepanza è che il radar statunitense fosse più avanzato di quanto le autorità fossero disposte ad ammettere pubblicamente. Se la portata dell'SCR-268 fosse stata realmente di soli 35 chilometri, gli sarebbe stato impossibile identificare un oggetto posto a una distanza assai maggiore del suo raggio d'azione.

LA SPIEGAZIONE PIÙ PROBABILE

Che conclusioni si possono trarre su questa strana vicenda? Certo il «nervosismo di guerra» e l'attacco a Ellwood ebbero un ruolo non indifferente. Persino le forze armate apparivano in preda alla confusione e fornirono resoconti contraddittori degli eventi. L'elemento più significativo, presente in tutte le testimonianze dirette, è che la batteria antiaerea più vicina al fenomeno decise di non aprire il fuoco. Riconobbe cioè di non avere di fronte velivoli nemici ostili e perciò non fece alcun tentativo di abbatterli. Altre batterie con una visione meno chiara della «minaccia» caddero invece in preda al panico e aprirono il fuoco. La presenza di palloni sonda nella zona, insieme al clima di tensione che regnava tra i civili, è la spiegazione più probabile dell'insolita sequenza di accadimenti che va sotto il nome di «Battaglia di Los Angeles».

L'ATTENTATO ALLA BÜRGERBRÄUKELLER 2

L'8 novembre 1939 Hitler scampò alla morte per una questione di minuti quando una bomba esplose nella birreria di Monaco in cui aveva appena finito di tenere un discorso.

Gli eventi di quella fatidica serata sono da sempre controversi. Non c'è dubbio che un ordigno a tempo innescato fosse stato introdotto nel locale e programmato per esplodere mentre il Führer stava parlando; resta però poco chiaro chi ci fosse dietro all'attentato, in cui persero la vita otto persone.

L'8 novembre era una delle date più importanti del calendario nazista: ogni anno Hitler si recava a Monaco, alla Bürgerbräukeller, per rivolgersi ai vecchi compagni di partito che lo avevano affiancato, lo stesso giorno del 1923, nel suo fallito tentativo di putsch – una presa di potere violenta – e ricordare quanti erano caduti nel corso dell'evento.

Migliaia di persone assistevano a quella commemorazione annuale e Hitler le arringava per circa un'ora. Non si perdeva mai la cerimonia e, dopo il discorso, aveva l'abitudine di trattenersi con i camerati storici per un'altra mezz'ora a parlare dei vecchi tempi.

Quell'anno le cose andarono diversamente. Il settembre 1939 aveva visto lo scoppio della Seconda guerra mondiale, ma fino a quel momento gli scontri si erano limitati alla guerra lampo contro la Polonia. Gran Bretagna e Francia non erano ancora intervenute attivamente, tanto che la situazione di stasi aveva indotto a ribattezzare il conflitto la «strana guerra».

Non si prospettavano ostilità imminenti; la Germania non rischiava di essere bombardata dalla RAF e le sue truppe non combattevano contro britannici e francesi: perciò non c'erano pressanti ragioni militari che impedissero a Hitler di onorare la vecchia consuetudine di fermarsi a rimembrare insieme agli antichi compagni di partito. E tuttavia, tenuto il discorso, il Führer lasciò il locale con una fretta inaspettata: non era dunque più presente nella birreria quando il potente ordigno esplose. Lo scoppio uccise otto persone, ma lui non era tra quelle.

Costretto a rientrare a Berlino in treno, anziché in aereo come programmato, Hitler aveva dovuto andarsene prima: una decisione che gli salvò la vita e che da allora ha alimentato tutta una serie di teorie complottiste in merito alla vicenda.

C'è un certo numero di fatti inconfutabili riguardo all'attentato e forse è bene cominciare da quelli. La bomba fu piazzata nel locale da un artigiano comunista, Georg Elser. Era marxista da anni e persino dopo l'ascesa al potere dei nazisti, con la messa al bando del Partito Comunista, era rimasto fedele alle proprie idee, anzi: si era semmai convinto ancor di più che i nazisti trattavano ingiustamente i lavoratori tedeschi.

Nessuno nega che sia stato Elser a costruire e piazzare l'ordigno. I dubbi riguardano il fatto che abbia agito o meno da solo. Se aveva complici, chi erano? Da quali motivazioni erano spinti?

Per tutti gli anni Venti e fino all'inizio degli anni Trenta le alleanze politiche in Germania erano state instabili. Nazisti e comunisti in particolare avevano unito i rispettivi movimenti, con ripetuti cambiamenti di casacca. I due partiti attingevano gran parte del loro sostegno da proletari e disoccupati; persino dopo l'ascesa al potere di Hitler molti comunisti erano entrati nel Partito Nazionalsocialista e non solo nell'intento di infiltrarsi (anche se per alcuni individui si trattava proprio di questo): per lo più l'adesione scaturiva dalla sincera convinzione che il nazionalsocialismo, come il comunismo, rappresentasse un modo per far uscire dalla povertà la classe lavoratrice. Le SA erano costituite in larghissima parte da disoccupati e, divenuto cancelliere, Hitler adottò un sistema di «bastone e carota» per conservare il potere: oltre a intimidire i proletari usando la Gestapo e la minaccia dei campi di concentramento, sapeva di doverli anche blandire per

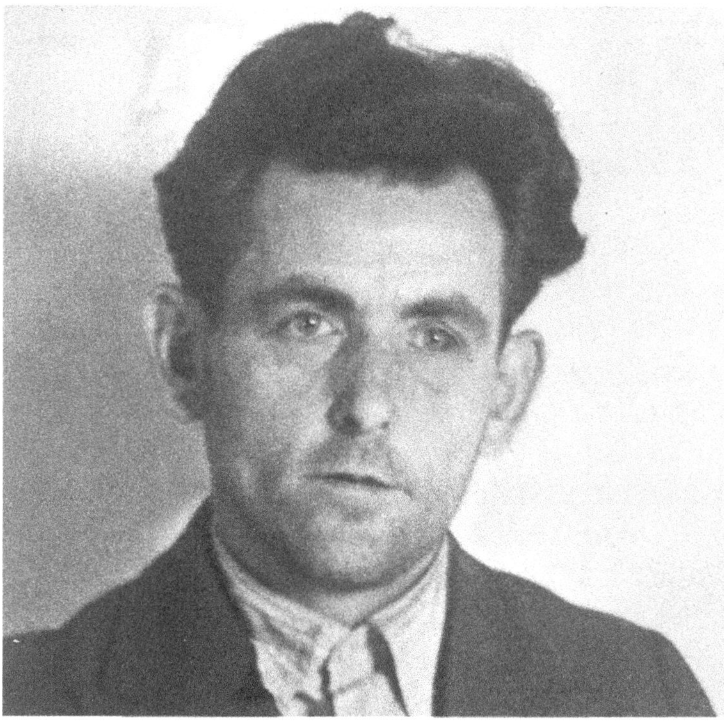

Georg Elser, il carpentiere che tentò di assassinare Hitler piazzando una bomba alla Bürgerbräukeller di Monaco nel 1939, aveva sempre votato per il Partito Comunista.

indurli a sostenere o per lo meno a tollerare il suo governo e lo fece destinando cifre e risorse considerevoli a mantenere la classe operaia tedesca ben nutrita, sana e ragionevolmente felice. Nel complesso la strategia funzionò, soprattutto prima del 1941. C'erano naturalmente macroscopiche eccezioni - ebrei e zingari, ricercati e perseguitati - ma il grosso della popolazione fu lasciato in pace. Alcuni leader comunisti erano giunti a patti con il regime e la resistenza attiva al nazismo, anche nei primi anni, era assai rara.

Dopo il 1933 il Partito Comunista praticamente scomparve come entità organizzata, benché sopravvivessero alcune cellule. Queste rimasero quasi del tutto inefficaci fino all'ultimo anno di guerra e limitarono fondamentalmente la loro attività alla propaganda.

IL PIAZZAMENTO DELLA BOMBA

Un ex comunista che la pensava diversamente era il carpentiere Georg Elser. Non era stato un membro particolarmente attivo del partito prima del 1933, ma lo aveva sempre votato e, a quanto sembra, si era tenuto in contatto con alcuni soggetti di vedute simili anche dopo che i nazisti erano saliti al potere.

Nel 1938 Elser decise che solo un'azione terroristica poteva portare un cambiamento. Si convinse che Hitler doveva essere eliminato e che spettava a lui portare quel disegno a compimento.

Cominciò i preparativi rubando esplosivo dalla fabbrica di armamenti in cui lavorava: gradualmente mise insieme ben 250 pacchetti di polvere da sparo. All'epoca non sapeva ancora di preciso come avrebbe attuato il piano, ma leggendo un articolo sulla prossima commemorazione del putsch, l'8 e il 9 novembre, capì che quella era la sua occasione.

Sapendo che Hitler non si perdeva mai l'evento, Elser partì per Monaco. Fece un sopralluogo alla Bürgerbräukeller e studiò accuratamente i modi possibili in cui piazzare una bomba. Decise infine che il posto ideale in cui nascondere gli esplosivi era una colonna situata subito dietro al podio da cui Hitler avrebbe parlato. Sapeva che l'ordigno avrebbe dovuto essere azionato da un dispositivo a tempo anziché da una miccia.

Nell'aprile del 1939 tornò una seconda volta nel locale ed eseguì misurazioni precise. Da agosto in poi lavorò notte dopo notte, rimuovendo un'ampia sezione del rivestimento in legno della colonna. Ricavò poi una nicchia, scavando carponi e smaltendo di volta in volta i calcinacci. Ogni notte si nascondeva nella birreria prima della chiusura e, quando questa rimaneva deserta, si accingeva al faticoso compito.

All'alba del 6 novembre 1939 aveva ormai completato i preparativi. La bomba era pronta ed Elser impostò il timer sulle 21.20 dell'8 novembre. Compì un'ultima ispezione la notte del 7 novembre, poi prese un treno per Costanza, in Svizzera.

Da allora gli eventi cominciarono a cospirare contro di lui. Mezz'ora prima che l'esplosione avesse luogo venne fermato da due doganieri: il suo passaporto era scaduto, perciò le guardie lo perquisirono. Gli trovarono in tasca una cartolina della birreria, gli indirizzi di alcune fabbriche di munizioni, bossoli di proiettile, viti e molle, e il distintivo del Partito Comunista. Non avevano ancora idea di chi fosse o di che cosa avesse fatto, ma fu portato alla stazione di polizia locale per accertamenti. Soltanto a mezzanotte, quando un comunicato radio avvertì dell'attentato, ordinando un'allerta generale, gli agenti si resero conto che Elser poteva essere un individuo sospetto. Anche allora però pensarono semplicemente che fosse un disertore o una spia.

Hitler aveva cominciato il suo discorso alle 20.10 e parlato per quasi un'ora, concludendo alle 21.07. Normalmente si sarebbe trattenuto a dialogare con i veterani del partito, ma quella sera aveva lasciato immediatamente il locale. Alle 21.20 l'ordigno era esploso, uccidendo otto persone e ferendone più di sessanta.

CI FU UN COINVOLGIMENTO BRITANNICO?

Gli eventi di quella notte hanno generato una serie di teorie complottiste con vari gradi di plausibilità; la prima – largamente respinta – venne formulata dalla stessa leadership nazista, in linea con l'atteggiamento paranoico che l'avrebbe caratterizzata durante tutta la sua permanenza al potere.

Hitler e Himmler rifiutavano di credere che un solitario attentatore fosse stato capace di una tale organizzazione. Erano convinti che dovesse esistere una cospirazione più vasta, con il coinvolgimento dei servizi segreti britannici e del dissidente Otto Strasser, al sicuro in esilio ma ancora strenuamente avverso al regime.

Gli storici concordano nel ritenere che quest'idea fosse, nella migliore delle ipotesi, una fantasia paranoide, quando non una trovata propagandistica deliberata. In realtà poteva esserci un elemento di fondatezza nella convinzione dei nazisti: ciò emerge in particolare da un esame del cosiddetto «Incidente di Venlo» e soprattutto del periodo immediatamente successivo.

Per alcuni mesi due agenti britannici, il maggiore Richard Stevens e il capitano Sigismund Payne Best, si erano trattenuti nella cittadina olandese di Venlo: stavano negoziando con Franz Fischer, un presunto rifugiato politico (in realtà spia nazista). Fischer sosteneva di essere in contatto con alcuni ufficiali antinazisti dell'esercito tedesco che tramavano un colpo di Stato contro Hitler, ma era un inganno deliberato, visto che collaborava in realtà con le SS.

Walter Schellenberg, uno dei collaboratori più fidati di Himmler, entrò in Olanda e s'incontrò con Best e Stevens. Si finse un certo capitano Schaemmel, sostenendo di agire per conto di un generale tedesco dissidente.

All'epoca l'intelligence nazista perseguiva un risultato nel lungo periodo e Schellenberg era sul punto di incontrare i due agenti e presentarli a un finto generale: l'attentato dinamitardo di Elser, invece, alterò drasticamente i piani delle SS.

Himmler contattò subito Schellenberg e gli ordinò di incontrare Best e Stevens il giorno dopo, per arrestarli e riportarli in Germania. Uomini armati delle SS lo avrebbero coadiuvato nell'operazione e quanto alla violazione dei confini olandesi, sarebbe stata, disse Himmler, «senza alcuna conseguenza». Schellenberg non ne fu contento e protestò contro quell'ordine, ma quando Himmler glielo ripeté una seconda volta non osò disobbedire. Gli agenti britannici furono catturati con un'incursione lampo e imprigionati in un campo di concentramento.

La cattura di Best e Stevens fu un disastro per l'intelligence britannica. Reti faticosamente costruite vennero smantellate, alcuni agenti furono arrestati o costretti alla fuga. Malgrado il tono autoassolutorio ed egoriferito di Best nel resoconto degli eventi che pubblicò nel 1949, la sua condotta in quel frangente appare ingenua, dilettantesca e incompetente.

C'ERA STRASSER DIETRO L'ATTENTATO?

Forse la percezione del proprio fallimento indusse Best a formulare una teoria complottista che, benché sfatata già nel 1969, incontra ancora il favore di molti. Sostenne che, mentre erano entrambi prigionieri nel campo di concentramento di Sachsenhausen, Elser – ormai opportunamente morto e impossibilitato a smentire – gli aveva confidato di esser stato assoldato per uccidere dissidenti nazisti in cambio di 40.000 franchi svizzeri. È un'invenzione pura e semplice.

È comprensibile che, all'epoca in cui pubblicò il suo libro, si tendesse a credere a qualunque teoria complottista riguardo ai nazisti; nel 1952 uscì la classica biografia di Hitler di Alan Bullock e, in mancanza di fonti alternative disponibili, l'autore si limitò a ripetere la versione di Best. Gli storici successivi, invece, non sono giustificati. Fonti primarie sono ampiamente disponibili fin dai primi anni Settanta e mostrano con chiarezza che Elser, agisse in solitaria o meno (altra questione che verrà a sua volta dibattuta), non aveva certo complici nazisti, né poteva essere sul libro paga dei tedeschi.

Ad aumentare la confusione, Best teneva anche un diario, rimasto inedito, che fornisce un resoconto assai diverso dei suoi movimenti e di altri accadimenti del periodo. E anche il diario della moglie di Best contraddice alcune affermazioni contenute nel suo. Per esempio, egli sostiene che Elser fosse un membro del Fronte Nero di Strasser (un gruppo politico dissidente), il che si è più volte dimostrato essere falso; dice inoltre che Elser aveva incontrato Strasser in Svizzera, quando i movimenti dei due uomini sono stati dettagliatamente ripercorsi, dimostrando che non si incontrarono mai, né in Svizzera né altrove. Best scrive nel diario che Strasser era la mente dell'attentato e che aveva preso contatto con Elser per attuarlo. Nessuna di queste fantasiose asserzioni compare nel suo libro, *The Venlo incident* («L'incidente di Venlo»), probabilmente perché Strasser era ancora vivo e avrebbe potuto smentirle.

L'idea che Best sia una fonte attendibile su Elser è semplicemente impossibile da sostenere. Egli si contraddice e mente in varie occasioni: tutto ciò che ha scritto è essenzialmente fiction e non va preso sul serio.

Resta la domanda: perché ha mentito su Elser? Si palesano solo due possibili ragioni. Una è che l'agente britannico stesse tentando di coprire la propria incompetenza, l'altra che stesse tendando di occultare il coinvolgimento britannico nell'attentato. Non c'è molto a dimostrare un coinvolgimento della Gran Bretagna, ma questo è più plausibile di quanto generalmente si crede. Le probabilità tendono a escludere che l'atto di Elser fosse il risultato di un intervento dei servizi segreti inglesi, ma tale possibilità è stata liquidata troppo facilmente.

L'idea che l'attacco dinamitardo fosse una «messinscena» dei nazisti, invece, è contraddetta da tutte le prove documentarie. Poggia su affermazioni oggettivamente false oppure basate su presupposti scorretti.

Una delle «false convinzioni» più diffuse sulla sera dell'8 novembre 1939, per esempio, vuole che il discorso di Hitler fosse più corto del normale e che il Führer parlasse più in fretta del solito. Ciò non risponde a verità, come dimostrato dai testimoni presenti all'evento. Il fatto poi che Hitler abbia lasciato il locale subito dopo la fine del discorso, invece di rimanere a parlare con i vecchi camerati, è visto come indizio di una sua pregressa conoscenza dell'esplosione.

In realtà la partenza anticipata ha due spiegazioni perfettamente razionali. Una è che il conflitto – benché ancora largamente nella sua fase di «strana guerra» – richiedeva attenzione, e il Führer stava contemplando un'imminente invasione della Francia; l'altra è il tempo: era abitudine di Hitler tornare da Monaco a Berlino in aereo, ma il clima fortemente nebbioso, quel giorno, rendeva impossibile volare. Se ne andò rapidamente perché un treno Monaco-Berlino sarebbe partito di lì a poco e voleva rientrare quella sera stessa per riprendere a pianificare l'invasione.

Un altro aspetto dell'attentato di Elser, che i teorici del complotto tendono ad additare come prova del fatto che l'azione fosse in realtà condotta «sotto falsa bandiera» dagli stessi nazisti, è la stupefacente assenza di misure di sicurezza nella birreria, persino in occasione del discorso di Hitler. Ciò non fu tuttavia dovuto a chissà quale cospirazione nazista, bensì al fatto che il servizio di sicurezza per l'evento in questione era sempre stato lasciato nelle mani dei «Vecchi combattenti». Il capo della sicurezza del locale era Christian Weber, un energumeno che aveva ricevuto l'incarico da Hitler in persona. Nel 1939 però, sei anni trascorsi a fare la bella vita lo avevano ormai trasformato in un pagliaccio indolente e amante dei piaceri, che non si dava la pena di svolgere correttamente il proprio compito. La sua trascuratezza permise a Elser di passare ben trentacinque notti lavorando indisturbato alla nicchia, senza una sola interruzione da parte della polizia, del servizio di sicurezza o delle SS. Weber non aveva fatto compiere un solo controllo e poco mancò che il suo lassismo costasse la vita al Führer. Non va dimenticato che Hitler sfuggì alla morte per soli 15 minuti: nessuno stratagemma nazista avrebbe rischiato la sua incolumità con un margine di errore tanto ridotto.

Molti, ancora, hanno sostenuto l'idea che dietro l'attentato ci fosse Otto Strasser: convinzione certo alimentata all'epoca dalla propaganda nazista. Non c'è dubbio che Strasser sarebbe stato ben felice di vedere Hitler morto, ma era di fatto impotente, esiliato, timoroso per la propria vita e quasi del tutto privo di appoggi in Germania. Certo avrebbe voluto veder riuscire il piano di Elser, ma non esiste la minima prova che fosse coinvolto nell'ideazione o esecuzione dello stesso. L'ipotesi è pura paranoia nazista, proiettata su un sospettato ideale e del tutto priva di fondamento. Strasser, per parte sua, ha negato qualunque partecipazione all'attentato.

ELSER AGÌ DA SOLO?

Un'altra teoria vuole che Elser fosse parte di una cellula di tre membri del Partito Comunista. È fuor di dubbio che l'uomo fosse iscritto al partito e che avesse sempre votato comunista. D'altro canto aveva fama di «solitario» e, per il tipo di impresa che si accingeva a compiere, sarebbe stato molto pericoloso reclutare degli alleati. Né gli sarebbero serviti, viste le sue capacità di carpentiere e orologiaio.

Di solito si fanno due nomi come possibili complici: Karl Kuch e un cameriere conosciuto semplicemente come Ketterer. Non c'è dubbio che esistesse un Kuch, e che fosse comunista, ma a parte ciò non si hanno prove di un suo coinvolgimento in azioni terroristiche di qualunque tipo. Molti sostengono che Kuch e Elser si conoscessero e si vedessero spesso, altri negano che si siano mai incontrati. Le prove ricavate dalla documentazione ufficiale sono dirimenti: i due non si incontrarono mai e non furono mai coinvolti in un'azione congiunta volta ad assassinare Hitler. Ketterer il cameriere è una figura altrettanto sfuggente e la morte di Kuch in un incidente stradale, mentre cercava di fuggire in Svizzera, non fu dovuta alla partecipazione all'attentato - che sarebbe avvenuto mesi dopo - ma alle sue simpatie comuniste scoperte dalla Gestapo.

C'è ancora un'altra teoria, inventata di sana pianta. I membri della Gestapo furono crudeli quanto accurati nei loro tentativi di persuadere Elser a parlare dei suoi «complici», ma anche sotto tortura egli insistette nel dire che aveva agito da solo. Persino l'ipnosi ottenne la stessa risposta e somministrazioni di «siero della verità» non fecero che riconfermare le sue ostinate dichiarazioni.

Elser ammetteva di aver «parlato» con varie persone, che sosteneva di non conoscere personalmente, esprimendo la sua avversione per il nazionalsocialismo; affermava però di non aver mai toccato l'argomento dell'assassinio di Hitler e di aver sempre operato senza complici.

Himmler in persona lo interrogò e tentò di costringerlo a fare dei nomi, ma persino lui dovette infine ammettere che il carpentiere stava dicendo la verità. Per ragioni di propaganda si disse ai media che la congiura era stata orchestrata dalla Gran Bretagna e da Otto Strasser, ma Himmler, come tutti gli altri gerarchi, conosceva la verità: un singolo uomo coraggioso si era opposto da solo alla tirannide nazista e aveva deciso – sapendo che gli sarebbe costato la vita – che l'unica possibilità era piazzare il suo ordigno alla commemorazione di novembre, a Monaco.

È possibile che abbia tentato di proteggere persone che conosceva, ma il fatto che neppure la somministrazione di sostanze sia riuscita a estorcergli una versione diversa testimonia la verità delle sue affermazioni. Questo umile proletario è stato un vero eroe della Resistenza antinazista e, se il suo tentativo non fosse fallito, avrebbe potuto risparmiare la vita a milioni di persone. Molti anni dopo la sua scomparsa, la Germania gli ha infine reso onore per il suo gesto.

MORTI MISTERIOSE 3

GLENN MILLER: LA SCOMPARSA DI UN MUSICISTA

Glenn Miller fu il più acclamato musicista jazz e frontman d'orchestra della sua epoca. Soprannominato «Re dello swing», era al culmine della fama quando nel 1942 congedò la sua band per entrare nei Corpi Speciali dell'esercito. Più tardi, quello stesso anno, fu trasferito nell'aviazione. Sotto le armi si dedicò a introdurre lo swing nelle marce militari e creò una nuova orchestra, dando concerti per l'intrattenimento delle truppe. Il 20 marzo 1943 si esibì per la prima volta la 418th Army Air Force band.

Glenn desiderava ardentemente suonare per i soldati americani oltreoceano e ricevette infine l'autorizzazione a recarsi in Europa. La sua band fu accolta con entusiasmo sul suolo britannico. Il generale James Doolittle gli disse: «Dopo una lettera da casa, la sua orchestra è la cosa migliore per risollevare il morale dei soldati, qui sul fronte europeo».

Miller e la sua band tennero concerti su piste d'atterraggio, in hangar e per la radio delle forze armate, l'American Forces Network. Parteciparono persino a un programma dal titolo *The Wehrmacht Hour*, che alternava swing e propaganda, e in cui Miller, pare, tentò di parlare in tedesco.

Il suo primo indirizzo a Londra fu il 25 di Sloane Court, ma la zona era un bersaglio prediletto delle V-1, le «bombe volanti», così decise di trasferire l'orchestra a Bedford, a nord della capitale. Appena un giorno più tardi una V-1 si schiantò davanti al precedente domicilio, distruggendo l'intero palazzo e uccidendo più di 100 persone. Il commento del musicista fu: «Finché avremo la fortuna dei Miller dalla nostra, non dovremo preoccuparci di nulla».

Mentre Miller e la sua orchestra prendevano parte a un'esibizione all'aria aperta nel Kent, si udì nel cielo il tipico ronzio delle V-1. I presenti si gettarono a terra per ripararsi, ma la band continuò a suonare. Dopo l'esplosione il pubblico tributò a Miller e compagni una standing ovation.

Il Re dello swing era stracarico di impegni: in un mese tenne

Nel 1942, Glenn Miller, il «Re dello swing», entrò nei Corpi Speciali dell'esercito americano per dedicarsi all'intrattenimento delle truppe. Un giorno però il suo aereo, diretto in Francia, scomparve nel nulla.

trentacinque concerti dal vivo e partecipò a quarantasei trasmissioni radiofoniche.

Benché esausto, voleva a tutti i costi esibirsi per le truppe dislocate in Francia. Verso la fine del 1944 fu deciso che poteva recarsi a Parigi con la band per tenere un concerto il giorno di Natale e il 15 novembre il suo manager ricevette l'autorizzazione a volare oltremanica per prendere accordi. Miller annunciò che sarebbe andato con lui, ma il tempo era pessimo; densi banchi di nebbia rendevano sconsigliabile volare e la navetta dello SHAEF (Comando supremo delle Forze di Invasione alleate) predisposta per il viaggio rimase a terra.

Poi il 14 dicembre Miller s'incontrò con il colonnello Norman Baessell, che si sarebbe recato a Parigi il giorno dopo con un velivolo leggero, un UC-64A Norseman. Baessell lo invitò ad andare in Francia con lui. Pioveva fitto e la visibilità era scarsa, ma l'aereo decollò ugualmente. Nessuno lo rivide più. Miller, Baessell e il pilota svanirono senza lasciare traccia.

Poiché Miller era salito a bordo senza autorizzazione, all'insaputa degli ufficiali in comando, non ci si accorse della sua sparizione fino al 18 dicembre. Fu istituita una commissione d'inchiesta dall'Ottava Forza aerea ed essa concluse che il Norseman doveva essere caduto sopra la Manica: pessime condizioni meteorologiche, errore del pilota o possibile guasto meccanico furono le cause più probabili.

Teorie complottiste

Quello fu il verdetto ufficiale, ma in seguito non mancarono le teorie del complotto sull'accaduto. Nel 1997 il giornalista tedesco Udo Ulfkotte dichiarò a «Bild» di avere «prove segrete» del fatto che Miller non fosse mai salito a bordo del Norseman. Era invece volato a Parigi il giorno prima ed era morto per un attacco di cuore in un bordello; la versione ufficiale era in realtà una copertura volta a proteggere la reputazione del musicista. Più avanti Ulfkotte ha ammesso di non possedere alcuna «prova» di quanto asserito e di essersi basato su informazioni ricevute da fonti dell'intelligence tedesca.

Il colonnello americano in pensione Hunton Downs avanzò un'altra teoria, sostenendo che Miller fosse in realtà una «superspia» dell'OSS – il precursore della CIA – e che fosse morto nel corso di una missione sotto copertura. La missione consisteva nel contattare alcuni generali tedeschi e convincerli a spodestare Hitler, ma il piano era fallito e Miller era stato catturato. Torturato dai nazisti, Miller era stato infine ucciso e il suo corpo gettato sulla porta di un bordello parigino. La storia dello schianto del Norseman era stata inventata per tutelare la sua reputazione.

Nel 1983 il fratello minore del musicista, Herb, ha dichiarato: «Glenn Miller non è morto in un incidente aereo sulla Manica ma in ospedale, di tumore del polmone». A suo dire Miller stava così male, a bordo del Norseman, che il pilota aveva dovuto compiere un atterraggio di emergenza. Lo avevano portato in un ospedale militare, ma era morto il giorno dopo. Herb Miller sostiene di essersi inventato la storia dello schianto sul canale perché il fratello fosse ricordato come un eroe.

Miller era certamente un forte fumatore e ammetteva: «Sono terribilmente emaciato, pur mangiando a sufficienza». Altri poi avevano notato quanto apparisse magro e sofferente. L'idea che possa essere morto di cancro al polmone è dunque plausibile, ma ci sono varie obiezioni alla veridicità di questa teoria. La prima è una questione di tempi. Perché Herb Miller ha aspettato il 1983 per fare le sue rivelazioni? Perché la sua versione della morte del fratello non è confermata dagli archivi militari, statunitensi o britannici? A che scopo tenere nascosto così a lungo il decesso in ospedale?

Forse la più plausibile di tutte le teorie complottiste sulla morte di Glenn Miller è quella formulata da Fred Shaw. Shaw era un ex navigatore del Comando Bombardieri della RAF e, all'epoca dei fatti, prestava servizio a bordo di un Avro Lancaster che stava rientrando da una fallita incursione sulla ferrovia tedesca. Giunto in prossimità delle coste meridionali della Gran Bretagna, il Lancaster stava sganciando le bombe inutilizzate nell'opportuna zona autorizzata della Manica, quando Shaw guardò fuori e vide un Norseman in volo sotto il suo apparecchio. Il mitragliere di coda gridò: «Avete visto quell'aliante [aereo] andare giù?». Secondo Shaw era stata l'onda d'urto creata dall'esplosione a far precipitare il Norseman.

L'archivio storico del Ministero della difesa non ha confermato né smentito le sue affermazioni; era possibile, ha risposto, che il Norseman e il bombardiere si fossero incrociati in volo.

Il pilota del Lancaster, Victor Gregory, ha confermato parzialmente il racconto di Shaw: pur non avendo visto nulla di persona, ricordava le esclamazioni dei colleghi che dicevano di aver avvistato il Norseman.

Questa è forse la vera spiegazione della morte di Glenn Miller: un tragico caso di fuoco amico. Se non altro giustificherebbe un tentativo di insabbiamento. Qualunque sia la verità sulla morte di Glenn Miller, la sua musica continua a vivere dopo di lui.

LESLIE HOWARD: MORTE DI UN ATTORE

L'attore Leslie Howard era tra i passeggeri di un aereo civile in volo da Lisbona a Londra il 1° giugno 1943. Aveva ottenuto fama e fortuna a Hollywood vestendo i panni di Ashley Wilkes in *Via col vento*, eppure era tornato in Gran Bretagna per servire il suo paese, non in veste di soldato, ma di testimonial della propaganda a sostegno dello sforzo bellico, realizzando pellicole di stampo patriottico come *Il primo dei pochi*, in cui interpretava R.J. Mitchell, il creatore dello Spitfire.

Non avrebbe dovuto essere a bordo del DC-3 in partenza dall'aeroporto di Portela (Lisbona): lui e il suo agente, Alfred Chenhalls, avevano preso il posto di altri tre passeggeri, che erano stati fatti sbarcare. Il decollo avvenne senza difficoltà e l'aereo civile proseguì indisturbato il suo tragitto per le successive due ore. Pochi minuti dopo la sua partenza da Portela però, alcuni aerei della Luftwaffe, otto caccia Junkers Ju-88 C-6, lasciarono la loro base a Bordeaux diretti a ovest.

Alle 12.45 avvistarono il DC-3. Splendeva il sole, c'era un'ottima visibilità e l'apparecchio in vista recava inconfondibili insegne civili: era perciò impossibile che i piloti tedeschi lo scambiassero per un aereo militare.

Malgrado ciò, gli Junkers lo attaccarono. Alle 12.54 l'operatore radio del DC-3 inviò spasmodicamente un messaggio in codice Morse alla stazione radio della RAF a Whitchurch, nel Somerset: «Da G-AGBB [il numero dell'aereo] a GKH. Vengo attaccato da aerei nemici...».

La trasmissione si interruppe. Il fuoco tedesco aveva incendiato i serbatoi del carburante e il velivolo era esploso. Non ci furono sopravvissuti. Perché i tedeschi lo avevano abbattuto, data l'impossibilità di confonderlo con un apparecchio militare? Visto che la squadriglia di Junkers aveva lasciato Bordeaux appena qualche minuto dopo che il DC-3 era decollato dal Portogallo, doveva essere un'azione premeditata.

Il vero obiettivo era Churchill?

Che cosa aveva indotto la Luftwaffe a prendere di mira quell'aereo in particolare? Ci sono numerose teorie e tutte, tranne una, si incentrano sull'identità dei passeggeri a bordo. Forse la spiegazione più ovvia è quella sottoscritta dallo stesso Churchill, secondo cui i tedeschi erano convinti che sul DC-3 ci fosse lui.

Era stato in visita in Africa settentrionale e i nazisti lo sapevano bene. Da ciò egli riteneva fosse scaturita la tragedia, che lo aveva profondamente angustiato. Come raccontò nel suo libro *La Seconda Guerra Mondiale*, un uomo tarchiato e con il sigaro era presente sulla pista, verosimilmente in procinto di imbarcarsi, perciò l'Agenzia tedesca aveva segnalato che Winston Churchill si trovava a bordo dell'aereo.

In altre parole, i tedeschi abbatterono il DC-3 perché credevano che lo statista fosse tra i passeggeri. L'uomo tarchiato cui Churchill fa riferimento era l'agente di Leslie Howard, Alfred Chenhalls, che in effetti gli somigliava in modo sconcertante. Se i nazisti fossero stati davvero convinti che il primo ministro inglese fosse a bordo, avrebbero certo commesso l'infamia di abbattere un aereo civile pur di eliminarlo dallo scenario bellico.

Churchill considerava questa la spiegazione più probabile e commentò sprezzante che la brutalità dei tedeschi era eguagliata solo dalla stupidità dei loro agenti. Difficile capire come si potesse pensare che, con tutte le risorse della Gran Bretagna a sua disposizione, avrebbe riservato un posto su un volo di linea da Lisbona, rientrando in patria senza difese e senza scorta in pieno giorno.

Certo è che due agenti tedeschi avevano visionato l'elenco passeggeri del volo fatale. Si erano forse detti che «Chenhalls» poteva essere uno pseudonimo di Churchill e, vedendo poi un uomo che gli somigliava salire a bordo, avevano probabilmente avvertito l'Alto comando tedesco della possibilità che lo statista fosse sul velivolo.

È anche possibile che l'obiettivo fosse proprio Leslie Howard. Il suo film propagandistico *La Primula Smith* aveva fatto infuriare Goebbels. L'attore era nella «lista nera» dei nazisti e le sue origini ebree davano loro una ragione in più per volerlo morto.

Altri due passeggeri, inoltre, potevano essere nel mirino del nemico. Uno era Wilfrid Israel, ebreo tedesco in esilio, che aveva aiutato a fuggire migliaia di ebrei ed era volato in Portogallo per aiutare i rifugiati lì presenti a trovare rifugio in Palestina. Aveva anche arruolato molti scienziati ebrei tedeschi nel Progetto Manhattan, il programma americano per la realizzazione della bomba atomica.

L'altro possibile target era Ivan Sharp, un industriale incaricato dal governo britannico di acquistare tungsteno a prezzi gonfiati per evitare che lo ottenessero i tedeschi. Era una spina nel fianco dei nazisti, che certo avrebbero voluto eliminarlo.

L'ultima possibilità è che l'aereo sia stato abbattuto per un tragico errore. Questa è la versione degli eventi di tre piloti tedeschi che erano stati coinvolti nell'attacco. Come è noto, gli Ju-88 pattugliavano il Golfo di Biscaglia per fornire copertura aerea agli U-boot. Quel pomeriggio, stando ai tre ex aviatori, la loro squadriglia di Junkers era di pattuglia e cercava di individuare due sottomarini da scortare al sicuro. Il tempo era brutto, perciò i tedeschi smisero le ricerche e cominciarono a perlustrare l'area circostante. Alle 12.45 avvistarono il DC-3.

Cinque minuti dopo si prepararono ad attaccarlo: non ne distinguevano ancora le insegne, ma dalla forma e dalla struttura del velivolo capirono che non era tedesco e per questo fecero fuoco, dall'alto e dal basso, incendiando l'ala e il motore sinistro.

Solo a quel punto il caposquadriglia si rese conto che l'aereo era civile e cessò il fuoco, ma era troppo tardi: l'apparecchio si schiantò in mare e affondò.

È decisamente possibile che i tedeschi si siano fatti prendere dal panico e abbiano sparato per paura. Gli Ju-88 erano notoriamente lenti ed è plausibile che gli aviatori abbiano optato per «sparare prima e pentirsi poi».

Ci sono però alcune incongruenze in questa tesi. Da mesi gli aerei civili lasciavano il Portogallo e volavano in Gran Bretagna su quella rotta senza che ci fossero mai stati tentativi di attaccarli. Lo status di velivolo civile del DC-3 era reso evidente dai suoi contrassegni e il tempo in realtà era soleggiato quel giorno. Inoltre gli agenti dislocati in Portogallo avevano sicuramente detto all'Abwehr [l'intelligence militare tedesca] che Churchill poteva essere a bordo dell'aereo e la squadriglia di Junkers si era precipitata a decollare solo pochi minuti dopo la partenza del DC-3.

La verità non si saprà mai, ma ci sono forti probabilità che l'aereo sia stato abbattuto deliberatamente per l'errata convinzione che Churchill fosse a bordo. Leslie Howard e gli altri passeggeri sono quasi certamente morti per un tragico scambio d'identità.

IL MISTERO DELLA ROSSA ASSASSINATA

Durante la Seconda guerra mondiale gran parte dell'Europa era occupata dai tedeschi. I paesi neutrali – Spagna, Portogallo, Svizzera e Svezia – divennero focolai di intrighi e di attività spionistiche. La Svezia in particolare era una zona strategica: la sua posizione geografica permetteva ad agenti tedeschi, sovietici e britannici di operare piuttosto liberamente.

In quel clima divenne una figura chiave la fascinosa *socialite* Jane Horney, nata Ebba Charlotta Horney. Persino le sue origini sono incerte. Secondo alcuni era nata a Stoccolma, secondo altri era una figlia illegittima venuta al mondo in Scozia e poi adottata dal padre svedese e dalla madre danese.

Alta, appariscente e dalle rosse chiome, era considerata dagli uomini una vera bellezza ed ebbe innumerevoli amanti. Il marito era un reporter del quotidiano filonazista «Aftonbladet», ma divorziarono dopo due anni di matrimonio. Tornata libera, Jane si distinse in società e s'imbarcò in una serie di relazioni, soprattutto con diplomatici o membri delle forze armate. Molti di loro erano spie e la Horney non si faceva scrupolo a barattare sesso e segreti. Ebbe storie con diplomatici britannici, tedeschi, russi, con militari, con membri della Resistenza danese e ognuna delle «parti» con cui entrava in contatto sospettava puntualmente che lavorasse per un'altra.

Tra i suoi amanti ci furono Ronald Turnbull del SOE (Special Operations Executive), l'Esecutivo Operazioni Speciali; Otto Danielsson e Martin Lundqvist dell'intelligence militare svedese; l'agente russo Alexander Pavlov; Jørgen Winkel, membro della Resistenza danese; Karl-Heinz Hoffmann, capo della Gestapo in Danimarca, e Hermann Seibold, che dirigeva le operazioni di controspionaggio tedesche in Scandinavia.

Figura ancor più interessante nell'elenco delle sue molte *liaison* è Horst Gilbert. Gilbert lavorava per l'Abwehr in Danimarca e riferiva all'ammiraglio Canaris. Entrambi erano segretamente antinazisti e l'uno o l'altro, o forse tutti e due, facevano probabilmente il doppio gioco. Gilbert era in rapporti amichevoli con Alexandra Kollontai, l'ambasciatrice sovietica in Svezia. La contattò e le chiese se non fosse possibile concludere una pace separata con l'Unione Sovietica.

Tramite una «navetta» segreta della Resistenza danese, Jane si recava a Copenhagen per incontrare Gilbert e lo fece in più occasioni. Chissà come, aveva ottenuto un lasciapassare per viaggiare liberamente nei paesi occupati e visitò in più occasioni la Germania. Al suo ritorno in Svezia passava le informazioni acquisite all'intelligence svedese.

Nel marzo 1944 si legò a un agente britannico la cui identità rimane sconosciuta. Per mesi ebbero una relazione appassionata, per lo meno da parte di lei: ne era innamorata e quando lui volle rompere ne uscì con il cuore spezzato.

Rimase nascosta per settimane, poi ricomparve e diede inizio a una nuova relazione con un agente tedesco. La Resistenza danese prese a guardarla con sospetto: fu pedinata, fotografata e infine segnalata alle autorità svedesi come possibile agente nazista. I servizi segreti svedesi l'arrestarono e la interrogarono per tre settimane di fila.

Alla fine venne scagionata da ogni accusa e le autorità informarono i membri della Resistenza che non era una traditrice. Questi diedero mostra di accettare il verdetto, ma nel privato rifiutavano di credere che Jane Horney non fosse una spia tedesca: andava eliminata.

Jane Horney fu uccisa?

Ciò che avvenne dopo non è mai stato pienamente chiarito. Naturalmente la Horney conosceva segreti che più di un servizio d'intelligence voleva mantenere tali.

L'unica cosa certa è che due membri della Resistenza danese l'accostarono e la convinsero a recarsi a Copenhagen per scagionarsi dai sospetti che aleggiavano su di lei. Jane accettò e il 16 febbraio 1945, insieme alla sua amica Bodil Frederiksen, accompagnò i due uomini a Malmö. Si registrarono tutti e quattro al Grand Hotel, con le due donne in una camera adiacente. Lì furono raggiunti da un altro membro della Resistenza danese, uno studente di nome Hjalmar Ravnbo.

La sera dopo la Horney lasciò l'albergo alle 22.00 con la Frederiksen e Ravnbo. Da quel momento in poi le sue sorti sono frutto di congetture. È probabile che la Resistenza danese le abbia sparato e abbia avvolto il suo corpo in catene di ferro, per poi gettarlo in mare.

Dopo la fine della guerra suo padre pretese un'inchiesta sulla scomparsa, ma le indagini della polizia svedese si scontrarono con un totale silenzio: i servizi segreti svedesi e danesi blindarono i loro dossier su di lei e l'intelligence britannica sostenne di non averla mai sentita nominare; persino ex agenti tedeschi che erano stati suoi amanti rifiutarono di parlare di lei. La polizia svedese, forse con sollievo, fu allora costretta ad abbandonare le indagini.

Sarebbe difficile spiegare lo scarso rigore nel perseguire il caso, come pure il muro di silenzio e le esplicite negazioni incontrate dagli inquirenti, se non con l'ipotesi di un insabbiamento. Potevano esserci numerose ragioni per una simile condotta: la paura di esporre agenti o che informazioni ancora segrete potessero trapelare nel corso dell'inchiesta. Un'altra spiegazione può essere che Jane Horney avesse scoperto un traditore in seno alla Resistenza danese e che questo la uccise per proteggere la propria identità. La Frederiksen rappresenta un enigma. Era attiva nella Resistenza e aveva accompagnato Jane fino a Malmö. Tutte e due erano rosse di capelli e si somigliavano, cosa che talvolta faceva scambiare una per l'altra.

Ci fu uno scambio d'identità?

Il fatto che la Frederiksen e la Horney fossero estremamente simili ha alimentato una teoria complottista secondo cui le due donne si scambiarono abiti e identità. Se fosse vero, potrebbe essere stata Jane Horney la donna vista salire sul treno che da Malmö faceva ritorno a Stoccolma, mentre la Frederiksen era stata uccisa su una barca da pesca.

È possibile che Jane Horney temesse le reazioni della Resistenza danese e avesse convinto l'amica ad assumere la sua identità? E, se lo aveva fatto, stava consapevolmente mandando l'altra donna a morte? È possibile che la Frederiksen, e non la Horney, fosse la vera traditrice?

Anche un'altra teoria presuppone uno scambio di abiti e di identità, ma questa volta senza conseguenze fatali. Suggerisce cioè che Jane Horney fosse stata fatta uscire di soppiatto dalla Svezia mentre la Frederiksen fingeva di essere lei, e che avesse raggiunto sana e salva la Danimarca per poi tornare in patria e riassumere la propria identità.

Un'altra tesi ancora sostiene che non fu uccisa, ma che si finse il suo decesso per depistare i servizi segreti di vari paesi. In questa versione Jane venne fatta arrivare in Gran Bretagna, dove si dedicò a spiare i russi per conto dell'MI6.

Nel 1947 uno dei due partigiani della Resistenza danese che l'aveva convinta a seguirlo in Danimarca decise di parlare. Asbjørn Lyhne confessò alla polizia svedese di essere stato coinvolto nel suo assassinio. Non c'erano prove a sostegno delle sue dichiarazioni e non appena ritrattò la confessione venne rilasciato.

Nessuno conosce la verità su Jane Horney. È stata uccisa o ha scambiato la propria identità con quella di Bodil Frederiksen? Se è stata uccisa, perché? È riuscita a fuggire e a mettersi al sicuro? Ha sfruttato il suo talento di spia per conto dell'MI6 durante la Guerra Fredda?

Qualunque sia la risposta, la sua scomparsa e il suo probabile assassinio restano un affascinante mistero irrisolto, che probabilmente rimarrà tale.

L'*AFFAIRE* VELSEN: TRADIMENTO O SCIAGURA?

Nelle fasi conclusive della guerra in Europa vari membri della Resistenza comunista olandese furono uccisi dai nazisti. La carismatica partigiana Hannie Schaft fu assassinata tra le dune di Bloemendaal solo tre settimane prima della liberazione dell'Olanda.

Si parlò all'epoca - voce mai dimostrata né smentita - di una deliberata cospirazione da parte di alcuni elementi della polizia olandese, che consegnavano ai nazisti membri della Resistenza comunista per impedire che formassero un nucleo di possibile supremazia comunista nei Paesi Bassi.

Due inchieste furono intraprese con riluttanza in merito e poi abbandonate in quanto non «nell'interesse della nazione». Nel 1951 il commissario W.J. Gorten condusse una nuova indagine, ma fu minacciato a colpi d'arma da fuoco da un ignoto assalitore. Conny Braam, che era cresciuta a Velsen - luogo dei presunti tradimenti - descrisse l'atmosfera in città a seguito di quegli eventi.

> La gente aveva paura. Un funzionario di polizia che tentò di indagare sul caso si vide sollevare dall'incarico negli anni Cinquanta; a un altro spararono colpi di pistola contro le finestre. A Velsen si dice: «Se vuoi campare a lungo, tieni la bocca chiusa su quella faccenda».

In Olanda, come in tutti i paesi occupati d'Europa, c'erano persone che resistevano attivamente alla presenza tedesca e altre che collaboravano con l'invasore. Dopo la liberazione ci fu un'ondata di rappresaglie contro i collaborazionisti: alcune erano azioni punitive compiute da vigilantes, ma anche le autorità olandesi arrestarono molte persone.

Collaborazionismo della polizia

Una delle accuse formulate intorno all'*affaire* è che alcuni esponenti della polizia incaricati di punire i collaborazionisti fossero a loro volta colpevoli di collaborazionismo. Molti erano entrati nella Resistenza diventando capi partigiani, ma si sostiene che alcuni sfruttassero la loro posizione per consegnare ebrei, comunisti e dissidenti ai nazisti.

Tra il dicembre 1945 e il gennaio 1946 fu lanciata un'inchiesta sulla condotta della polizia olandese e di alcuni membri della Resistenza, ma persino alcuni degli inquirenti furono accusati di essere stati coinvolti nell'*affaire*. Leo Rodrigues Lopes, caporedattore del «De Ochtendpost», sottopose un documento alle autorità di Amsterdam e richiese al ministro della giustizia di istituire un'inchiesta indipendente anziché lasciarla nelle mani della «commissione speciale».

Nel suo articolo sul «De Ochtendpost», Lopes accusò l'ispettore capo J.P. Engels e il commissario J.P. Weyburg di avere consegnato membri del personale della RAF ai tedeschi. Sostenne anche che la polizia di Velsen aveva arrestato cittadini ebrei per consegnarli ai nazisti, spesso appropriandosi dei loro beni. Arrestarono comunisti e lavoratori clandestini e di alcuni ordinarono persino l'uccisione. Tra i nomi coinvolti figuravano elementi che avevano fatto parte della commissione d'inchiesta sui crimini di guerra dopo la liberazione dell'Olanda e che avevano sfruttato quella posizione per coprire le loro attività nel periodo bellico. Nel luglio 1946, Lopes fu avvertito da uno dei suoi redattori di una telefonata minatoria: se non l'avesse piantata di pubblicare articoli sull'argomento, si sarebbe preso «una pallottola nel collo».

Si svolsero due indagini separate simultaneamente: una fu diretta da Nico Sikkel, viceprocuratore alla Corte d'appello di Amsterdam, l'altra dal procuratore generale van Thiel, sempre della Corte d'appello di Amsterdam. I due non condivisero le informazioni e non cooperarono in alcun modo. Ben presto, tuttavia, l'incarico fu loro tolto e assegnato ad altri. Sikkel in particolare era stato accusato di corruzione. Suo cognato era il primo ministro dei Paesi Bassi e si sostenne che gli aveva dato il compito di liberare l'Olanda dal comunismo.

Sikkel era anche accusato di aver stretto accordi segreti con i tedeschi e di aver consegnato militanti comunisti della resistenza nelle fasi finali della guerra.

È certo che siano intercorse trattative tra il servizio d'intelligence e funzionari nazisti riguardo a dossier tedeschi sui comunisti olandesi. L'autore che più di recente ha scritto sul tema, Bas von Benda-Beckmann, afferma nel suo libro *De Velser affaire*: «Alla fine della guerra regnava un senso di panico. I membri comunisti della Resistenza avrebbero sottratto armi alla Resistenza stessa per tentare un putsch, una presa violenta del potere».

Tra quanti hanno scritto dell'*affaire*, Benda-Beckmann è uno dei pochi che non lo ritiene una cospirazione. Dice: «C'era un clima teso, ma non si tradusse in una campagna volta a eliminare il maggior numero possibile di partigiani comunisti». Egli è convinto che la crescente disperazione dei nazisti, la spericolatezza di taluni membri della Resistenza e forse una maggiore propensione a proteggere i partigiani non comunisti siano le ragioni principali per cui un gruppetto di combattenti comunisti fu ucciso dai tedeschi.

La morte di Hannie Schaft

È fuor di dubbio che alcuni funzionari di polizia fossero in contatto con gruppi partigiani. Due luoghi chiave della Resistenza erano il cimitero di Westerveld e il crematorio di Velsen. Anche le dune che circondavano la città erano tra i nascondigli prediletti dei combattenti e fu lì che trovò la morte la carismatica Hannie Schaft.

Hannie è una delle figure più affascinanti della Resistenza olandese. Cominciò rubando carte d'identità per gli ebrei olandesi e poi si unì al Raad van Verzet (Consiglio di Resistenza). Questo era strettamente legato al Partito Comunista olandese, benché i suoi membri non fossero esclusivamente comunisti.

In breve tempo la Schaft desiderò una militanza più attiva. Era un'ottima tiratrice e portò a termine una serie di azioni di sabotaggio e di uccisioni. Le sue vittime erano tedeschi e collaborazionisti e, poiché parlava correntemente il tedesco, fraternizzava senza difficoltà con i soldati nemici.

Aveva un suo codice morale, che la indusse a rifiutare alcune missioni. Quando le fu chiesto di rapire i figli di un ufficiale nazista, per esempio, rifiutò dicendo che non voleva rischiare la vita dei bambini. Divenne nota ai nazisti come «la ragazza dai capelli rossi» e ben presto si ritrovò nella loro lista di «ricercati speciali».

Consapevole della sua inedita notorietà, si tinse i capelli di nero e ricominciò le sue azioni di sabotaggio. Trasportava anche armi e distribuiva giornali clandestini.

La sua carriera di militante ebbe fine il 21 marzo 1945, quando fu arrestata a un checkpoint militare ad Haarlem. Stava distribuendo il giornale comunista «De Waarheid» («La verità»). Dopo essere stata torturata, fu infine identificata dalle radici rossicce dei capelli e venne uccisa il 17 aprile 1945.

Uccisa da collaborazionisti olandesi

Non furono le forze di occupazione tedesche a eliminarla, ma i collaborazionisti olandesi. Era stato concordato tra occupanti nazisti e Binnelandse Strijdkrachten[3] di interrompere ulteriori esecuzioni, ma ciò nonostante Hannie fu portata tra le dune di Bloemendaal da due collaborazionisti. Il primo uomo le sparò a breve distanza ma la ferì soltanto, suscitando il suo sprezzante commento: «Sono più brava io». Il secondo uomo le sparò allora il colpo mortale.

L'assassinio della Schaft è stato forse il singolo atto più aspramente condannato della fine della guerra in Olanda e quasi subito la polizia fu accusata di complicità nell'uccisione.

È possibile che ci fosse stata qualche «fuga di notizie» a beneficio dei tedeschi, o forse i nazisti erano ormai a conoscenza dell'ubicazione delle sedi della Resistenza. Un mix delle due cose è stato probabilmente all'origine degli eventi che vanno sotto il nome di *affaire* Velsen.

Benda-Beckmann e il funzionario di polizia in pensione Guus Hartendorf hanno scritto i due libri con il più rigoroso apparato di ricerche sul caso. Hartendorf vede nelle accuse di complotto una verità almeno parziale, mentre Benda-Beckmann ritiene che la cospirazione non ci sia stata.

Nonostante questo conclude: «Non so dire se la discussione sul tema sia chiusa».

3. Le Forze armate olandesi. [N.d.T.]

LE FOSSE COMUNI DI MALBORK

Malbork, in Polonia, si era chiamata per secoli Marienburg ed era una città interamente tedesca, appartenuta alla Prussia per centinaia di anni. Durante l'avanzata sovietica, nel 1945, moltissimi civili si diedero alla fuga, ma quattromila abitanti rimasero, chi perché deciso a farlo, chi perché impossibilitato a scappare. La città assistette a un violento scontro tra tedeschi e sovietici e il 9 marzo 1945 cadde in mano ai soldati russi. A seguito dell'occupazione dell'Armata Rossa la popolazione civile svanì e si persero le tracce di ben 1840 persone.

Nel giugno 1945 Marienburg fu consegnata ai comunisti polacchi, che la ribattezzarono prontamente Malbork ed espulsero la piccolissima minoranza di tedeschi sopravvissuta agli scontri e alla fuga.

Quella fu la fine della storia fino al 1996, anno in cui si scoprirono 178 corpi in una fossa comune, e fino al 2005, quando ne vennero alla luce altri 123. Nell'ottobre 2008 fu poi rinvenuto un enorme terreno di sepoltura con 2116 persone, quasi tutte di sesso femminile, identificate come abitanti tedesche della città.

Un'indagine polacca decretò che potevano essere morte di malattia o negli scontri e che i loro corpi erano stati seppelliti per impedire il diffondersi del tifo. Il 14 agosto 2009 le spoglie furono sepolte in un cimitero militare tedesco nella parte ovest della città.

Non tutti però erano convinti della spiegazione - molto comoda - fornita dagli inquirenti polacchi. In particolare alcuni funzionari governativi di Malbork dichiararono di ritenere che i defunti fossero stati vittime di un massacro. Piotr Szwedowski, un funzionario cittadino, osservò che a un cadavere su dieci era stato sparato in testa. Aggiunse inoltre che erano stati sepolti nudi, «senza scarpe, senza vestiti, senza effetti personali. I metal detector usati durante gli scavi» disse, «non hanno trovato alcun metallo, neppure un dente falso». Szwedowski era comunque dell'idea che almeno alcuni fossero morti per cause naturali, come il freddo estremo, o a seguito dei bombardamenti sulla città.

Uno degli operai che aveva partecipato agli scavi espresse il suo turbamento nel rinvenire tanti corpi di bambini. «All'inizio continuavamo a trovare scheletri infantili» disse, «ed è stata veramente dura per me. Ho un figlio anch'io.»

Nessun documento, polacco o tedesco, fa il minimo riferimento alla fossa. La conclusione delle autorità polacche è che fu verosimilmente scavata tra il marzo e il maggio del 1945, quando la città era stata occupata dalle truppe sovietiche. Maciej Schulz dell'Istituto per la Rimembranza Nazionale polacco dichiara che era pratica abituale dei soldati dell'Armata Rossa spogliare i corpi e seppellirli nei crateri prodotti dalle bombe.

Come morirono?

Il modo in cui persero la vita queste persone è tuttora controverso. Freddo e malattia, oltre alla devastazione portata dai combattimenti, hanno certamente avuto un ruolo nei decessi, ma Bodo Rückert, capo di un'associazione di tedeschi espulsi da Malbork la cui famiglia aveva lasciato la città nelle ultime fasi della guerra, ritiene che possano essere state in buona parte uccise dai polacchi in un atto di vendetta contro l'invasore tedesco. I sospetti forse più probabili cadono sui soldati dell'Armata Rossa, che detennero il controllo della città per tre mesi e certo non si facevano remore a compiere atti di ritorsione sui tedeschi quando ne conquistavano i territori. Alcuni funzionari polacchi hanno condotto ricerche negli archivi locali e richiesto anche agli archivi russi di inviare i loro dossier, ma la Russia ha ignorato la richiesta.

Ci furono aspri scontri tra le truppe tedesche e sovietiche e sicuramente le asperità del clima e il diffondersi delle malattie causarono sofferenza e morte; tuttavia, quando l'esercito tedesco lasciò la città c'erano ancora migliaia di civili in vita. Solo un migliaio circa venne deportato allorché i polacchi ripresero la città in maggio.

I corpi scoperti erano tutti nudi e per lo più femminili, ma solo il dieci per cento mostrava ferite d'arma da fuoco. Un polacco giunto nella città da bambino, dopo la conquista sovietica, ha raccontato di aver visto «prigionieri tedeschi con uniformi lacere, sotto la custodia dei soldati russi, che giravano su un vecchio camion raccogliendo cadaveri in decomposizione per le vie». Ha precisato di aver visto solo 300 corpi circa, tutti di soldati (tedeschi e russi), che erano stati «gettati ai piedi della collina del castello».

È assai probabile che i soldati russi abbiano spogliato i corpi, bruciato i vestiti e derubato le spoglie di ogni effetto personale. Non è chiaro insomma in che misura si possano attribuire le oltre 2000 vittime a bombardamenti ed epidemie. Sembra però difficile immaginare cos'altro, se non l'uccisione deliberata, potrebbe rendere ragione della percentuale di cadaveri con buchi di pallottole in testa. Data l'assenza di soldati tedeschi e quella, relativa, di polacchi in città, l'esercito sovietico appare il colpevole più probabile di tali esecuzioni. L'idea è suffragata dall'incapacità dei russi di produrre il materiale d'archivio in loro possesso sull'argomento. Una ben nota atrocità sovietica è il massacro della foresta di Katyn' e con ogni probabilità le fosse comuni di Malbork rappresentano un altro dei crimini di Stalin. La verità, quasi certamente, non verrà mai a galla.

CHI PIAZZÒ LA BOMBA ALL'ESPOSIZIONE UNIVERSALE?

Il 4 luglio 1940 una bomba a orologeria esplose nel Padiglione britannico dell'Esposizione Universale di New York. All'epoca gli Stati Uniti, malgrado il lieve miglioramento dell'economia dovuto al New Deal, restavano ostinatamente impantanati nella recessione, perciò il presidente Roosevelt aveva concepito l'Esposizione come un evento simbolico volto a infondere ottimismo e a risollevare il morale dell'America postdepressione. Il tema era «L'alba di un nuovo giorno» ed ebbero luogo imponenti lavori di ristrutturazione nel quartiere del Queens. Un'area dismessa fu trasformata in una scintillante vetrina per sessanta paesi del mondo.

Il ristorante contenuto nel Padiglione francese ottenne un tale successo che dopo la fine della fiera avrebbe aperto a Manhattan in pianta stabile; l'Unione Sovietica ricostruì una replica a grandezza naturale di una stazione della metropolitana di Mosca; il Padiglione britannico espose i gioielli della Corona e la Magna Charta.

L'esposizione fu inaugurata nell'aprile del 1939 e attirò migliaia di visitatori. Anche se lo scoppio della Seconda guerra mondiale, nel settembre dello stesso anno, gettò un'ombra su quel tentativo di risollevare lo spirito della nazione, gli Stati Uniti potevano almeno congratularsi con se stessi per aver assunto una posizione neutrale.

La cerimonia inaugurale, cui intervennero il presidente Roosevelt e il governatore di New York Herbert Lehman, fu trasmessa in diretta televisiva e i visitatori ammirarono sbalorditi nuove invenzioni come il condizionatore, il fax e un robot alto due metri e mezzo. L'architettura dei padiglioni era volutamente futuristica e l'intero evento fu definito dai media «l'ottava meraviglia del mondo».

Sul «Viale del domani» circolavano le ultimissime Ford. La bizzarra installazione di Salvador Dalí, dal titolo *Il sogno di Venere*, mostrava signorine poco vestite, abbigliate da sirene. Nella capsula temporale creata dalla Westinghouse Corporation si vedevano gli elementi più disparati, da un pacchetto di sigarette ad alcuni scritti di Einstein.

Il discorso inaugurale di Roosevelt fu all'insegna della speranza e dell'ottimismo:

> Gli americani innalzano una silenziosa preghiera, affinché sul continente europeo, da cui l'emisfero americano fu principalmente colonizzato, cadano negli anni a venire molte barriere nei rapporti tra le nazioni.

L'esplosione

Quel clima di speranza fu brutalmente sconvolto il 4 luglio 1940. L'operatrice telefonica del Padiglione britannico ricevette una chiamata anonima che le diceva di «venir fuori» perché era stata piazzata una bomba nel padiglione. Nel frattempo un elettricista scoprì in loco una ventiquattrore dall'aria sospetta e avvisò la sicurezza. La cartella fu trasferita in un'area retrostante il padiglione polacco.

Arrivarono due agenti dalla Sezione artificieri di New York. I detective Joseph Lynch e Ferdinand Socha sentirono un ticchettio provenire dalla borsa. Socha usò un coltellino tascabile per praticare un buco nella valigetta mentre Lynch sbirciò all'interno. «Centro!» disse rivolgendosi al collega.

In quel momento la bomba esplose. Lynch e Socha morirono sul colpo, mentre altri quattro poliziotti furono gravemente feriti dall'esplosione che, come stabilito dalla perizia forense, era stata di potenza pari alla detonazione di dodici candelotti di dinamite. Lasciò un cratere profondo un metro e largo un metro e mezzo.

Non c'era scarsità di sospetti per l'attentato: in cima alla lista figuravano i nazisti. I loro simpatizzanti e gruppi di estrema destra come il Christian Front furono interrogati dalla polizia. L'IRA fu considerata tra i possibili responsabili ma in seguito esclusa.

Il gruppo maggiormente sospettato fu il German-American Bund. Il primo arresto di uno dei suoi membri ebbe luogo il 5 luglio 1940, in seguito a un'incursione nella sede del movimento di ispirazione nazista. Qui furono scoperte numerose armi da fuoco e una cartina degli Stati Uniti con specifiche località contrassegnate.

Le indagini della polizia non riuscirono a produrre prove dirette a carico di organizzazioni o individui. Fu offerta un'ingente ricompensa in denaro per qualunque informazione sull'attentato, ma il tentativo non diede risultati e a tutt'oggi il caso resta irrisolto.

Eventi simili non erano inusuali all'epoca. L'11 settembre 1938 erano esplose due bombe nel Fur district di New York e, due settimane prima dell'attacco all'Esposizione Universale erano stati colpiti la Biblioteca tedesca e gli uffici del «Daily Worker», un giornale comunista. C'erano più di quattrocento allarmi bomba alla settimana. Il terrorismo proliferava e i gruppi filonazisti, come pure la sinistra radicale e altri, tentavano di imporre la propria agenda con la violenza.

Fu una cospirazione britannica?

Un poliziotto di New York, Bernard Whalen, ha avanzato una teoria complottista. Egli ipotizza che la bomba sia stata piazzata all'Esposizione Universale dai britannici. Whalen addita l'isolamento della Gran Bretagna e i disperati tentativi di Churchill di convincere gli americani a entrare in guerra. Al contrario, Hitler non aveva nulla da guadagnare da un atto terroristico, che avrebbe aumentato le probabilità di un coinvolgimento statunitense. Non a caso, osserva Whalen, «uno dei primi effetti dell'attentato fu un forte sentimento antitedesco».

A sostegno della sua tesi egli afferma che sir William Stephenson era stato inviato qualche settimana prima a New York ad allestire un'operazione dell'MI6. La bomba era stata piazzata in un vano del condizionatore d'aria che non era aperto al pubblico: un elettricista vi aveva scoperto la borsa sospetta e ne aveva segnalato la presenza. Tutto il personale di sicurezza del Padiglione britannico era costituito da militari o ex militari.

Whalen asserisce che ci fu una mancanza di cooperazione tra la sicurezza britannica e la polizia americana. Lascia altresì intendere che l'FBI possa essere implicata in un'operazione di insabbiamento perché, quando Whalen ha chiesto di vedere copia della loro inchiesta sull'attentato, gli è stato risposto che non ne esisteva alcuna. Egli ritiene che l'MI6 (e per implicazione alcuni elementi dell'FBI) sia stato complice nel piazzamento di una bomba che aveva lo scopo di far insorgere il pubblico americano contro i tedeschi.

L'accusa di Whalen ai servizi segreti britannici sembra convincente sotto molti aspetti, ma presta anche il fianco ad alcune concrete obiezioni.

La pecca fondamentale della teoria è che l'attentato rischiava un epilogo catastrofico. Churchill era per metà americano e voleva disperatamente instaurare legami più stretti con gli Stati Uniti: appare inconcepibile che fosse incline ad autorizzare un'operazione simile. Quasi altrettanto improbabile è poi che

Stephenson o il capo dell'MI6 in Gran Bretagna – il cui via libera sarebbe stato sicuramente necessario – avrebbero avallato una mossa così azzardata. Le possibilità che qualche «cane sciolto» all'interno dell'MI6 possa aver rischiato un'impresa di quel calibro sono altrettanto dubbie.

Whalen ammette che ciò che lui vide come scarsa collaborazione dei funzionari inglesi nei confronti dell'inchiesta, anziché a un'opera di ostruzionismo potrebbe essere dovuta «semplicemente al tipico atteggiamento chiuso dei britannici». È egualmente possibile che l'FBI abbia distrutto i suoi dossier sul caso o sia stata poco incline a divulgarli per timore che rivelassero qualche negligenza del bureau.

Molti filonazisti e radicali di estrema destra o di estrema sinistra ricorrevano abitualmente alla violenza e ad atti di terrorismo. L'IRA, per esempio, aveva compiuto attentati dinamitardi in Gran Bretagna, era pro-nazisti e aveva numerosi sostenitori negli Stati Uniti.

Le teorie complottiste sono sempre interessanti e l'idea che l'MI6 abbia piazzato la bomba nel Padiglione britannico è tra le più plausibili del genere, ma ancora più probabile è che i responsabili siano stati gruppi filonazisti o l'IRA. Entrambi albergavano teste calde sufficientemente spregiudicate e incoscienti da piazzare un ordigno in grado di mietere centinaia di vittime. Il caso resta comunque irrisolto ed è probabile che rimarrà per sempre uno sconcertante mistero.

IL TUNNEL DELLA MORTE

Il 3 marzo 1944 il comune appenninico di Balvano, in provincia di Potenza, fu teatro di un'orrenda tragedia. Il convoglio numero 8017, di quarantasette vagoni, aveva lasciato Salerno alle sei del pomeriggio del 2 marzo 1944 e cominciato il suo lento percorso sui binari. In teoria era esclusivamente un treno merci, ma spesso ci salivano soldati e contrabbandieri, approfittando del passaggio. Quella sera trasportava ben ottocento passeggeri, per la maggior parte clandestini. Destinazione finale: Potenza.

A Romagnano gli venne agganciata una seconda locomotiva, per permettere al sovraffollato convoglio di proseguire lungo un ripido tratto montano. Dopo soli 6,5 chilometri, tuttavia, fu costretto a fermarsi di nuovo, perché un altro treno aveva subito un guasto e bloccava i binari.

Quarantacinque minuti più tardi l'8017 poté rimettersi in movimento. Era quasi l'una di notte e molti passeggeri dormivano.

Oltre l'imminente Galleria delle Armi, ad appena 800 metri dall'uscita, c'era il paese di Balvano. I treni ci facevano tappa per rifornirsi d'acqua e proseguire lungo l'impervio tratto di montagna. Quando il convoglio riprese la marcia il capostazione telegrafò alla fermata successiva, Bella-Muro, per confermare l'avvenuta partenza, quindi tornò in cabina a concedersi una pausa: mancava un'ora all'arrivo seguente. L'8017 invece avrebbe impiegato circa venti minuti per raggiungere la stazione successiva.

Non vedendolo arrivare il capostazione di Bella-Muro pensò semplicemente che fosse in ritardo. Quello di Balvano era invece sempre più preoccupato. Quando arrivò il convoglio successivo, alle 2.40, staccò il locomotore e ordinò al macchinista di procedere sulla linea per vedere se fosse avvenuto un incidente. La locomotiva aveva appena lasciato la stazione quando un uomo in preda al panico, con in mano una lanterna rossa, arrivò gridando.

«Sono tutti morti!»

Mentre il capostazione scendeva dalla pedana per andargli incontro, l'uomo crollò a terra. Con un filo di voce annunciò: «Sono tutti morti!». Il capo lo accompagnò all'interno della stazione e cercò di ricostruire l'accaduto.

L'uomo era il frenatore dell'8017 e raccontò di come il treno si fosse improvvisamente fermato a scossoni nel tunnel. Soltanto il vagone freni e tre carrozze posteriori erano rimaste fuori dalla galleria, mentre il resto del convoglio era intrappolato all'interno. Percorrendo le rotaie era salito a bordo e subito aveva visto i corpi di molte persone senza vita, così era corso fuori ed era tornato a Balvano in cerca di soccorsi.

Sentito il resoconto il capostazione si precipitò alla galleria e aprì le porte di alcuni vagoni. Parevano davvero tutti morti. Tornò alla sua postazione e diede l'allarme: erano circa le quattro del mattino.

Soldati americani, polizia italiana e personale delle ferrovie raggiunsero il treno bloccato. Agganciarono il vagone freni a un locomotore e trainarono il treno a ritroso fino alla stazione. Solo allora apparve evidente l'effettiva portata della tragedia.

Centinaia di persone giacevano morte nei vagoni. Degli ottocento passeggeri solo cinque erano sopravvissuti e uno di loro morì nei giorni successivi. I superstiti sapevano dire ben poco di quel che era accaduto.

Dopo la mesta operazione di recupero fu aperta un'indagine sulle cause del disastro. I macchinisti erano morti, dunque non li si poteva interrogare. Due dei passeggeri sopravvissuti sostenevano però che il treno era slittato indietro prima di arrestarsi.

Gli inquirenti esaminarono le locomotive e scoprirono che i comandi di una erano impostati sulla marcia indietro e con i freni disattivati, mentre quelli della seconda erano impostati sulla marcia avanti a tutta forza e con i freni tirati. Quel conflitto nelle azioni dei due macchinisti aveva paralizzato il convoglio.

Ben presto i gas tossici sprigionati dalla combustione del carbone avevano invaso il tunnel. Gran parte dei passeggeri era morta nel sonno – unica pietosa concessione della sorte – per l'inalazione di quei fumi velenosi.

Un'inchiesta fu svolta anche dalle autorità militari americane e la catastrofe venne attribuita alla «volontà di Dio». Le ferrovie italiane insabbiarono la faccenda e introdussero nuove misure per la trazione all'interno delle gallerie, nell'intento di prevenire il ripetersi di simili incidenti. Non ci sarebbero stati altri «tunnel della morte» in territorio italiano, ma le misure di sicurezza giungevano comunque troppo tardi per le centinaia di persone che morirono in quella tragedia del tutto evitabile.

L'UOMO CHE NON ERA MAI ESISTITO 4

Operazione Mincemeat è il nome in codice del più efficace piano di disinformazione mai attuato dai britannici. Ingannò i tedeschi, inducendoli a credere che gli Alleati progettassero di invadere la Grecia, i Balcani e la Sardegna nel 1943 e sviandoli dal reale progetto di invasione, che aveva come obiettivo la Sicilia.

L'idea all'origine dell'operazione era stata tratteggiata il 29 settembre 1939 in un memorandum scritto da Ian Fleming (sebbene riportasse la firma del suo superiore). Fleming proponeva di lasciare documenti falsi su un cadavere che sarebbe stato poi scoperto dal nemico e nel 1942 i britannici avevano tentato di applicare lo stratagemma.

Subito prima della Battaglia di Alam Halfa un corpo senza vita era stato piazzato su un mezzo da ricognizione e fatto poi saltare in aria. Aveva con sé una mappa volutamente fuorviante che mostrava in apparenza la posizione dei campi minati britannici. I tedeschi erano caduti nel tranello e i loro carrarmati erano rimasti intrappolati tra le sabbie del deserto.

In seguito Charles Cholmondeley dell'MI5 ed Ewan Montagu dell'intelligence navale avevano ripreso l'idea di Fleming, cercando nuovi modi per metterla in pratica. Alla Conferenza di Casablanca, nel gennaio 1943, gli Alleati concordarono di invadere la Sicilia entro il luglio di quell'anno, ma Churchill era incline a ingannare i tedeschi riguardo all'obiettivo.

Il piano trasse notevole beneficio dal nervosismo di Hitler in tema di Balcani. Il grosso del petrolio tedesco e di altre materie prime fondamentali proveniva da quella regione e, se avesse perso il controllo sui rifornimenti, la sua posizione militare ne sarebbe stata fatalmente indebolita. L'intelligence britannica alimentò quei timori, creando un'unità militare fittizia al Cairo

Ian Fleming, lo scrittore inglese «padre» di James Bond, lavorò per l'intelligence navale britannica durante la Seconda guerra mondiale.

e svolgendo manovre in Siria con carrarmati fasulli. Si fece di tutto per indurre i tedeschi a credere che l'attacco principale dell'invasione si sarebbe incentrato sulla Grecia.

Montagu riteneva che l'idea di Fleming – lasciare documenti falsi su un cadavere – potesse accrescere l'efficacia dell'inganno. Contattò un illustre patologo, sir Bernard Spilsbury, e gli richiese una consulenza tecnica su come preparare e «collocare» un corpo in modo che venisse scoperto, nonché sul «tipo» di cadavere da utilizzare.

Il piano originario era di lasciar cadere l'uomo da un velivolo e fingere che fosse morto in un incidente aereo. Spilsbury osservò che in quei casi le vittime morivano spesso per l'urto, perciò i polmoni non dovevano risultare pieni di liquido. Sottolineò inoltre lo scarso apprezzamento degli spagnoli per le autopsie prolungate e il fatto che la causa della morte non risultava sempre evidente all'esame autoptico. Riassumendo quelle suggestioni, Montagu scrisse:

> Se l'esame post mortem fosse eseguito con l'idea preconcetta che il decesso sia dovuto ad annegamento, ci sarebbero scarse probabilità che si noti la differenza tra questo liquido, nei polmoni che hanno cominciato a decomporsi, e l'acqua del mare.

SCELTA E PREPARAZIONE DEL CADAVERE

La tipologia di cadaveri cui si poteva ricorrere appariva relativamente vasta e Montagu si dedicò a trovare il corpo più adatto. Interpellò Bentley Purchase, il coroner responsabile del Northern District di Londra, e costui gli fece notare che «persino in un momento in cui ci sono morti sparsi ovunque bisogna rendere conto di ciascuno».

Il 28 gennaio 1943 Purchase trovò un corpo idoneo. Conservò la salma sconosciuta in una cella frigorifera, ma puntualizzò che andava usata entro tre mesi o i segni della decomposizione sarebbero stati troppo evidenti.

Montagu e Cholmondeley cominciarono a formulare il piano, che venne approvato dalle alte gerarchie della marina, e a creare un'identità fittizia per il cadavere: quella del «capitano William Martin, facente funzione di maggiore». Si stabilì che fosse un ufficiale dei Royal Marines appartenente al Combined Operation Command alleato. Il nome fu scelto perché c'erano diversi Martin tra gli ufficiali di marina e il grado lo rendeva abbastanza importante da avere con sé documenti riservati, ma non tanto da risultare troppo conosciuto.

Un'impiegata dell'MI5 di nome Jean Leslie posò nei panni della falsa fidanzata Pam e vennero scritte due lettere d'amore a suo nome. La ricevuta di un anello di fidanzamento, qualche lettera del «padre», un sollecito bancario per uno scoperto furono inseriti nella valigetta dell'uomo, per dare a «Martin» maggiore credibilità; vari altri effetti personali furono aggiunti per dare l'idea dei suoi movimenti tra il 18 e il 24 aprile.

Sorse il problema di realizzare una foto per la sua carta d'identità. Si tentò di scattare qualche fotografia alla salma, ma risultava impossibile celare il fatto che le immagini ritraessero un morto. Alla fine si riuscì a trovare un dipendente dell'MI5 che gli somigliava a sufficienza e si usò la sua foto.

I documenti non dovevano sembrare troppo nuovi, così Montagu se li strofinò ripetutamente sui pantaloni. Cholmondeley, più o meno della stessa corporatura e altezza del defunto, indossò l'uniforme a lui destinata per darle un aspetto più «vissuto». Una volta sistemati quei dettagli fu necessario stabilire il contenuto dei documenti falsi.

Montagu riteneva imperativo che menzionassero la Sicilia, rendendo chiaro che l'isola era una «copertura» atta a sviare l'attenzione dal reale obiettivo degli sbarchi.

POSIZIONAMENTO DEL CORPO

Predisposto l'inganno, Montagu e Cholmondeley valutarono come collocare il cadavere. Presero in considerazione la costa occidentale della Spagna, il Portogallo e il sud della Francia, ma tutte quelle possibilità furono scartate. Alla fine scelsero Huelva, sulla costa meridionale spagnola.

Tre elementi deponevano a suo favore: in primo luogo le maree e le correnti nella zona rendevano più probabile che il corpo sarebbe giunto dove si voleva farlo reperire; in secondo luogo, come Montagu avrebbe scritto più tardi, vi risiedeva «un agente tedesco molto attivo, con ottimi contatti con gli spagnoli»; infine, il viceconsole britannico nella regione era «un uomo affidabile e disponibile».

Escluse le possibilità di sganciare il corpo da un aereo e di utilizzare un'imbarcazione, si decise di ricorrere a un sottomarino per deporlo nella località desiderata. «Martin» fu posto in un contenitore ermetico, riempito con 9,5 chilogrammi di ghiaccio secco e poi sigillato. Facendo uscire l'ossigeno si sarebbe permesso al cadavere di mantenersi fresco senza essere congelato.

Il sottomarino Seraph partì il 19 aprile 1943 con il suo carico e raggiunse la costa di Huelva il 29 aprile. Emerse nelle prime ore del mattino seguente, mentre l'equipaggio apriva il contenitore e calava il corpo in mare.

Più tardi, quella mattina stessa, il cadavere fu scoperto da alcuni pescatori spagnoli. Si fecero chiamare i soldati e fu portato a Huelva. Il viceconsole britannico riferì all'Ammiragliato che era stata trovata la salma di un ufficiale britannico con una valigetta. Seguì un fitto scambio di messaggi tra viceconsole e Ammiragliato, tutti criptati con un codice che i britannici sapevano ormai essere stato decifrato dai tedeschi. Dal tenore dei messaggi si evinceva l'importanza della cartella: il diplomatico doveva recuperarla a qualunque costo!

I PESCI ABBOCCANO ALL'AMO

Il giorno dopo due medici spagnoli effettuarono l'autopsia alla presenza del viceconsole, che li esortò a concludere rapidamente. Firmarono il certificato di morte del maggiore William Martin e archiviarono il caso attribuendo il decesso ad annegamento. Martin fu seppellito il giorno seguente, con tanto di onori militari.

La cartella venne trattenuta dalla marina spagnola, che rifiutò di cederla ai tedeschi e, il 5 maggio, venne trasferita al Quartier Generale di San Fernando, dove se ne fotografarono i contenuti. In questa fase le lettere non erano ancora state aperte. Quando la cartella arrivò a Madrid venne inoltrata una richiesta personale al governo spagnolo da parte dell'ammiraglio Canaris affinché consentisse ai tedeschi di entrare in possesso dei documenti.

Gli spagnoli tolsero i contenuti dalle buste avvolgendo strettamente i fogli bagnati intorno a un punteruolo ed estraendoli delicatamente. Fecero quindi asciugare le missive e le fotografarono, prima di immergerle in acqua salata e risigillarle. L'8 maggio i tedeschi ricevettero copia di tutti i documenti presenti nella cartella. Un agente li portò in Germania per consegnarli di persona.

L'11 maggio corpo e documenti furono restituiti al viceconsole: quando le lettere arrivarono a Londra l'intelligence britannica constatò che erano state aperte e lette. Fu inviato un altro telegramma al viceconsole, sempre nel codice che i tedeschi avevano già decifrato, dichiarando che nulla era stato manomesso. Egli si assicurò che i filonazisti spagnoli ricevessero quell'«informazione».

Poi il 14 maggio i britannici intercettarono una comunicazione tedesca: avvertiva che la principale invasione alleata sarebbe avvenuta nei Balcani. Montagu pubblicò il nome del «Maggiore Martin» sul «Times» del 4 giugno, in un elenco di caduti britannici.

Nello stesso giorno l'ammiraglio Dönitz s'incontrò con Hitler per discutere la situazione. Egli dichiarò

> Il Führer non concorda sul fatto che il luogo più probabile dell'invasione sia la Sicilia. Ritiene che gli ordini anglosassoni scoperti di recente [i documenti falsi nella valigetta] confermino l'idea che gli attacchi saranno diretti principalmente contro Sardegna e Peloponneso.

Hitler annunciò che Corsica, Sardegna e Grecia sarebbero state difese «a ogni costo». Trasferì una Panzer-Division a Salonicco, raddoppiò i contingenti tedeschi in Sardegna e diede loro il supporto di cacciabombardieri. Altre due Panzer-Division furono spostate dalla Russia ai Balcani e alcuni U-boot vennero ricollocati dalla Sicilia alla Grecia. Sette divisioni tedesche furono inviate in Grecia e altre dieci nei Balcani.

Il 9 luglio gli Alleati invasero la Sicilia. Hitler continuò a considerarlo un diversivo fin quasi alla fine di luglio e inviò Rommel a Salonicco per resistere all'atteso attacco principale. La Sicilia cadde nel giro di un mese e la ritirata delle truppe tedesche dal fronte russo assicurò la vittoria sovietica nella Battaglia di

Kursk. L'Operazione Mincemeat era stata un trionfo di astuzia e lo stratagemma del cadavere aveva contribuito a ribaltare le sorti del conflitto.

CHI ERA IL MAGGIORE MARTIN?

Qual è la vera identità del maggiore William Martin, l'«uomo che non era mai esistito»? Ci sono almeno tre candidati, tutti plausibili.

L'ex agente di polizia Colin Gibson, dopo avere condotto ricerche sul caso per quattordici anni, aveva identificato Martin come il marinaio Tom Martin della portaerei *HMS Dasher*. Poi nel 2004 si tenne una cerimonia commemorativa sulla *Dasher*, nel corso della quale un altro marinaio della nave, John Melville, fu ufficialmente nominato come colui che aveva prestato le spoglie al maggiore Martin.

Anche John Steele, un altro ricercatore, è convinto che Melville fosse Martin. «Montagu scelse un corpo» e «il corpo usato veniva dalla *Dasher*», ha dichiarato, aggiungendo: «Non avremmo potuto permettere che l'opinione pubblica britannica scoprisse che era stato trafugato un morto».

Il terzo candidato è il senzatetto gallese Glyndwr Michael. Denis Smyth, un altro studioso dell'Operazione Mincemeat, è convinto che il corpo usato per lo stratagemma fosse il suo. Ci sono due prove principali che depongono a favore di questa tesi ed entrambe provengono da Montagu.

Una è un memorandum «segretissimo» di Montagu, in cui si riporta una conversazione avvenuta tra lui e il coroner Purchase.

> Mincemeat aveva assunto una dose minima di topicida, contenente fosforo. Quella dose non era stata sufficiente a uc-

Adolf Hitler con l'ammiraglio Dönitz nella Tana del lupo, suo quartier generale sul fronte militare orientale (1942).

ciderlo subito, ma aveva avuto l'effetto di disturbare il buon funzionamento del fegato, causandone perciò la morte a distanza di qualche tempo.

Come osserva Smyth, Montagu stava chiedendo se le tracce di veleno per topi potessero essere rilevate dai medici spagnoli nel corso di un'autopsia. «La persona sepolta in Spagna» conclude il ricercatore, «morì per avere assunto del topicida, non per annegamento: dunque si tratta di Glyndwr Michael».

Un altro punto a favore della sua teoria è che Montagu descrisse il proprietario del cadavere come un «perdigiorno», chiosando: «La sola cosa degna, in vita sua, l'ha fatta da morto». È assai più probabile che avrebbe usato quelle parole per riferirsi a Michael, un senzatetto alcolizzato, anziché a un marinaio della *Dasher* perito in un'esplosione.

Montagu disse inoltre a Purchase che il corpo non sembrava quello di un ufficiale in buona forma fisica, obiezione cui il coroner aveva ribattuto: «Non deve sembrare un ufficiale operativo: solo uno dello stato maggiore».

Steele, Gibson e Smyth restano persuasi che il proprio candidato sia l'«uomo che non era mai esistito». Bill Jewell, comandante del sottomarino *Seraph*, giudicò «altamente improbabile» che si ricorresse al corpo di un barbone e tuttavia, soprattutto alla luce dei commenti di Montagu, Michael rappresenta forse l'opzione più plausibile. Chiunque fosse il «maggiore Martin», la sua effettiva identità rimane incerta e resterà probabilmente tra i misteri irrisolti della Seconda guerra mondiale.

TESORI PERDUTI 5

LA CAMERA D'AMBRA

La Camera d'ambra era una spettacolare stanza creata nel Castello di Charlottenburg, a Berlino. Fu progettata in stile barocco all'inizio del XVIII secolo e rimase a Berlino fino al 1716, quando Federico Guglielmo I di Prussia ne fece dono al suo alleato, Pietro il Grande di Russia. Pietro la trasferì nel Palazzo di Caterina, vicino a San Pietroburgo, e la espanse. Una volta completata occupava 55 metri quadrati e conteneva 5900 chili d'ambra.

Quando i tedeschi invasero l'Unione Sovietica i sovrintendenti tentarono di nasconderla dietro una carta da parati, ma lo stratagemma fallì e il Gruppo d'armate Nord tedesco smantellò l'intera stanza: un compito che richiese trentasei ore. Entro il 14 ottobre 1941 era stata interamente trasferita al Castello di Königsberg, in Germania (oggi Kaliningrad, Russia).

Nell'agosto 1944 la città fu bombardata a tappeto dalla RAF e nel gennaio 1945 Hitler ordinò la rimozione di tutti i preziosi trafugati. Albert Speer tentò di eseguire l'ordine ma venne ostacolato dalla fuga del governatore, Erich Koch. Quel che restava dell'esercito tedesco in loco si incaricò di assisterlo nella rimozione dei manufatti rubati, poi nell'aprile 1945 l'Armata Rossa colpì duramente Königsberg con l'artiglieria pesante e le inflisse danni ulteriori. La capitolazione finale della città avvenne il 9 aprile.

A seguito dell'occupazione russa la Camera d'ambra scomparve. Seguirono varie segnalazioni di avvistamenti, benché nessuno mai confermato. Un certo numero di testimoni oculari dichiarava di aver visto caricare la stanza sulla nave *Wilhelm Gustloff*, partita da Gotenhafen (oggi Gdynia) il 30 gennaio 1945 e affondata da un sottomarino russo. Stando a quelle testimonianze, la camera sarebbe stata sul fondo dell'oceano insieme all'imbarcazione.

Molti anni dopo però giunse la prima prova concreta che almeno un suo frammento era sopravvissuto. Nel 1997 si scoprì in Germania un mosaico italiano appartenuto alla serie che un tempo adornava la stanza. Lo custodiva la famiglia di un soldato che aveva partecipato all'imballaggio degli elementi della camera prima che fosse trasferita (e probabilmente aveva egli stesso trafugato parte del carico). Il mosaico fu restituito ai russi e da questi utilizzato nel tentativo di ricostruire la stanza. Poi nel 1998 due diverse équipe annunciarono di aver tracciato gli spostamenti della Camera d'ambra originale. Un team lituano dichiarò che era stata sepolta in una laguna; un team tedesco affermò che era stata sotterrata in una miniera d'argento. Nessuna delle due asserzioni resse a successive indagini.

Nel 2004, dopo uno studio prolungato degli archivi sovietici, due ricercatori britannici sono giunti alla conclusione che la camera sia rimasta distrutta durante l'assalto russo a Königsberg. A conferma citano la testimonianza di Alexander Brusov, che era a capo del team russo incaricato di ritrovarla alla fine della guerra. Il suo rapporto dichiarava: «Riassumendo i fatti, possia-

lkswagen e aveva costi di produzione più alti, quello del
era in legno e non aveva le caratteristiche di unicità del
to «globo del Führer».
i sa con certezza quante copie del mappamondo siano
izzate, poiché la fabbrica produttrice fu distrutta in un
nel 1943 insieme ai suoi registri. È certo che quegli
collezione non fossero un gran numero, ma altret-
amente esiste più di un aspirante al titolo di «globo
». Tre istituzioni di Berlino ritengono di possedere il
pamondo di Hitler. Per lo più si tende a dar ragione
s Historisches Museum, benché sia il Märkisches
un istituto geografico della città sostengano a loro
nere il globo autentico. Anche due enti di Monaco
l possesso del mappamondo, ma prove fotografiche
he, a dispetto delle molte segnalazioni, nessuno
è quello proveniente dalla Cancelleria del Reich.
fo Wolfram Pobanz ha dedicato quarant'anni di
dei vari «globi di Hitler» e ha stabilito la prove-
li esemplari di pubblico dominio. Quello conser-
s Historisches Museum, per esempio, è identico
guito dall'architetto Paul Ludwig Troost per il
esteri di Ribbentrop e, come afferma Pobanz:
ato fatto solo per Ribbentrop».
posto a un'asta nel 2007 e venduto per 100.000
rafugato da Berchtesgaden dal soldato ameri-
ian il 10 maggio 1945. Il globo di Barsamian
in legno e presenta un mezzo meridiano di
rd al polo sud. È alto 45 centimetri e ha un
ti i contrassegni che riporta sono in tedesco
lla Germania com'erano sul finire del 1939.
che l'oggetto è un globo Columbus, ma

mo affermare che la Camera d'ambra è stata distrutta tra il 9 e l'11 aprile 1945». Alcuni anni dopo, Brusov sostenne invece che era scampata alla distruzione e che i tedeschi l'avevano rimossa.

Il resoconto sovietico sul recupero dei mosaici italiani affermava che in gran parte erano stati rinvenuti tra le rovine del Castello di Königsberg ed è indubbio che i russi non abbiano lesinato tempo e sforzi alla ricerca della Camera: si può solo concludere che o fu distrutta dal bombardamento aereo e dal fuoco d'artiglieria o in qualche modo fu efficacemente rimossa da Königsberg.

Oggi alcuni residenti della città sostengono che parte della stanza era stata ritrovata dall'Armata Rossa nelle segrete del castello e che quei resti erano stati trasferiti in un magazzino delle vicinanze. Purtroppo l'incredibile decisione del leader sovietico Leonìd Brèžnev di far distruggere il castello nel 1968 rende ormai quasi impossibile ogni ricerca archeologica in loco.

La Camera d'ambra: un'intera stanza in stile barocco e rococò donata da Guglielmo I di Prussia a Pietro il Grande all'inizio del XVIII secolo.

Esiste ancora?

Si è tornati a parlare del possibile ritrovamento della Camera d'ambra nell'ottobre 2017. Dopo aver esaminato i rapporti di KGB e Stasi, tre ricercatori tedeschi hanno usato apparecchiature radar per rilevare gli eventuali contenuti della «Cava del Principe» vicino ad Hartenstein. Uno di essi ha annunciato al «Times» il rinvenimento di «un sistema di cunicoli, assai esteso e profondo», in cui si riscontrava «qualcosa che potrebbe essere una trappola esplosiva».

Testimoni confermano che un gran numero di casse era stato immagazzinato nei tunnel e che gli ingressi erano stati fatti saltare. I tre uomini vorrebbero compiere uno scavo ma, come uno di loro ha dichiarato ai giornalisti, sono «in cerca di uno sponsor».

Altri hanno suggerito che l'ubicazione della Camera d'ambra sia nella città di Wuppertal. Karl-Heinz Kleine e la sua cerchia sostengono che vi sia stata trasportata da Königsberg all'inizio del 1945. Dice Kleine:

> Erich Koch, il Gauleiter nazista della Prussia orientale, morto in una prigione polacca nel 1986, veniva da Wuppertal. Mentre l'Armata Rossa si avvicinava a Königsberg, ordinò che il tesoro venisse imballato e riportato nel suo paese natale.

Egli osserva che la città è crivellata di gallerie sotterranee e bunker scavati dai nazisti. Da qualche parte in quel labirinto ritiene si celino le casse con i componenti della perduta Camera d'ambra.

Altro candidato per l'ultima collocazione della camera è il lago Toplitz, situato nel folto di una foresta sulle Alpi austriache. Norman Scott ha raccolto le dichiarazioni di un testimone

che nell'aprile 1945 sostiene di ave
casse nelle acque del lago. Second
generale per la Sicurezza del Reich
stata imballata esattamente in ve
rimossa. Nel 2006 una spedizione
7 milioni di sterline in un'inda
cassa con scritte in cirillico e
ni di sterline in banconote co
concreto rinvenuto nel lago T
Un'ultima teoria vuole c
nei cunicoli minerari in dis
mania orientale. La localit
cacciatori di tesori, ma fin
alla favolosa stanza.
Resta incerto se ques
sione della RAF nel 194
o, ancora, se sia stata
conosce le sorti del
potrebbe rimanere i

IL MISTERO DEL

Il mappamon
satirica di Char
come una speci
in faccia al Fü
Il pezzo o
di Stato e d'
anni Trenta
una era sta
per Hitler

una Vo
Partito
cosidde
Non
state real
raid aere
oggetti da
tanto sicu
del Führer
«vero» map
al Deutsche
Museum, si
volta di dete
rivendicano
dimostrano
dei globi citat
Il cartogra
vita allo studio
nienza di tutti
vato al Deutsch
a un disegno es
Ministero degli
«Poteva essere s
Un altro fu pr
dollari. Era stato
cano John Barsam
poggia su una bas
metallo dal polo n
diametro di 30. Tu
e mostra i confini d
Pobanz ammett

nega che sia *il* globo di Hitler. Le sue ricerche lo hanno indotto a prendere contatti con appassionati di ogni parte del mondo e oggi ritiene che molti esemplari superstiti si trovino in collezioni private. Il curatore del Deutsches Historisches Museum lo ha definito «una persona serissima, con una vera passione per questo particolare oggetto». Pobanz afferma che nessuno dei mappamondi in mano a privati è il «vero» globo di Hitler. Buffo, peraltro, come, a suo dire:

> Hitler probabilmente non tenesse affatto al globo. Non ci sono foto che lo ritraggano in piedi accanto all'oggetto: se questo avesse rivestito la minima importanza per lui, ci sarebbe sicuramente stata una fotografia.

Lavrentij Berija fu il primo alto ufficiale sovietico a visionare la Cancelleria del Reich a Berlino e una teoria sostiene che possa aver portato il globo con sé nella sede dell'NKVD (poi KGB, oggi FSB) alla Lubjanka. Indagini in tal senso del KGB e poi dell'FSB si sono dimostrate infruttuose, con i ministri che rifiutavano di confermare o di smentire la storia.

Pobanz si chiede se l'autentico globo di Hitler possa essere stato trafugato dai russi. Come prova esibisce la foto di un gruppo di soldati sovietici durante l'occupazione della Cancelleria del Reich nel maggio 1945. Sono riuniti intorno al mappamondo. «Forse è a Mosca» ipotizza. «Non so dove sia.»

LA SCOMPARSA DELLA «BANDIERA DI SANGUE» NAZISTA

La cosiddetta Blutfahne («bandiera di sangue») era la bandiera presente al fallito tentativo di putsch hitleriano nel 1923, durante il quale si impregnò del sangue di un nazista caduto. Era tra le reliquie naziste più venerate, esibita durante le cerimonie ufficiali e usata per «toccare» altre bandiere naziste in una sorta di «battesimo» rituale. Veniva anche impiegata per suggellare il giuramento delle nuove SS.

La Blutfahne era esposta nella Casa Bruna, il quartier generale nazista a Monaco, ma nel gennaio 1945 un'incursione aerea sulla città colpì direttamente l'edificio ed è possibile che sia andata distrutta nel bombardamento.

Con l'avvicinarsi delle truppe alleate a Monaco le SS avevano probabilmente cominciato a eliminare i documenti incriminanti: se è del tutto inverosimile che abbiano distrutto una delle loro reliquie più «sacre», potrebbero aver tentato di nasconderla sotto le macerie dell'edificio bombardato. Nel 1946 e nel 1947 gli Alleati setacciarono le rovine in cerca di materiale probatorio: nulla nei loro verbali fa pensare che l'abbiano rinvenuta.

Nel 1947 fecero saltare i Templi dell'onore antistanti la Casa Bruna: le macerie e i detriti degli scavi e dei lavori di demolizione furono rimossi e gettati nell'attuale sede dell'Olympiapark.

Alcune fonti sostengono che la Blutfahne sia stata rimossa dalla Casa Bruna sul finire del 1944 e portata in un altro luogo a Monaco, poi di nuovo trasferita nella primavera del 1945, questa volta verso una destinazione sconosciuta.

Gli Alleati erano certamente ansiosi di recuperarla: il portabandiera, Jakob Grimminger, fu ripetutamente interrogato dagli americani, ma negò di sapere dove fosse. Se ne conosceva l'ubicazione, Grimminger si portò il segreto nella tomba.

Negli anni Ottanta è apparso un articolo sul quotidiano cileno «El Mercurio». Sosteneva che la Blutfahne fosse al sicuro in una banca di Santiago, ma non forniva particolari su come ci fosse arrivata o su chi ce l'avesse depositata.

In generale ha acquisito una certa popolarità l'idea che un

U-boot l'avesse portata in salvo in America meridionale. Alcune versioni della teoria sostengono persino che Bormann l'avesse con sé nel suo (ipotetico) rifugio segreto in Paraguay.

Sembra che un ex ufficiale delle SS abbia riferito a un blogger che la bandiera è nascosta in un luogo segreto della Germania o dell'Austria. Lo stesso blogger ha parlato a un ex membro della gioventù hitleriana ed è stato informato che secondo le parole di un «vecchio combattente» – un nazista che era con Hitler prima dell'ascesa al potere – la bandiera era al sicuro in Europa, custodita da altri nazisti.

I memorabilia del Terzo Reich sono molto ambiti e vari collezionisti privati hanno cercato di rintracciare la Blutfahne, ma senza successo. Se mai venisse messa all'asta, sarebbe pagata a carissimo prezzo.

Grimminger era stato scelto da Hitler come suo solo e unico custode. Resta in dubbio se egli sapesse più di quanto ammetteva e fosse dunque al corrente della segreta destinazione della bandiera o se, sopraffatto dalla confusione e dal caos degli ultimi giorni del Reich, non avesse idea di ciò che le era avvenuto.

Perduta, distrutta o nascosta, il mistero della sua attuale sorte resta irrisolto.

DOV'È L'ORO DI ROMMEL?

Con «oro di Rommel» s'intende il tesoro sottratto alla comunità ebraica tunisina durante l'occupazione tedesca dell'Africa settentrionale. Sarebbe più esatto dire l'«oro di Rauff», perché Rommel non ebbe nulla a che vedere con la sua acquisizione né con la sua scomparsa.

Il colonnello delle SS Walter Rauff sterminò e depredò tutti gli ebrei che riuscì a scovare in Tunisia: almeno 2500 persone morirono per sua mano. Oro, diamanti, pietre preziose e altri valori vennero sottratti alle vittime e il grosso del bottino fu accumulato in un solo giorno.

Nel gennaio 1943 Rauff si recò nella città tunisina di Gabès con due camion di SS armate e ordinò al rabbino di convocare i capi della comunità ebraica perché ascoltassero una sua proposta.

Un centinaio di personalità influenti – rabbini, commercianti, uomini d'affari e altre figure di spicco della comunità – andarono a incontrarlo. Rauff offrì loro una scelta.

«*Sie könnten sich mit sechzig Zentnern Gold freikaufen*» disse. «Per trenta quintali d'oro potreste rimanere liberi.»

Il finale inespresso («e vivi») echeggiò di certo nella mente degli astanti. Sapevano che Rauff aveva già trucidato e depredato altri ebrei nordafricani. Il colonnello diede loro quarantotto ore per portargli l'oro e, mentre parlava, indicò gli uomini armati alle sue spalle: non si poteva equivocare sulle conseguenze di un rifiuto.

La richiesta fu soddisfatta e due giorni dopo Rauff se ne andò con la sua scorta armata, carico di sei casse d'oro e di tesori. Il valore del bottino non è mai stato stabilito.

Tre giorni più tardi il convoglio arrivò al porto di Sfax, dove i container furono caricati a bordo di una nave. Questa partì dal Quai du Commerce alla volta dell'Italia, prima tappa del progettato viaggio fino in Germania.

Il carico di Rauff arrivò sano e salvo a Napoli, dove fu affidato a quattro ufficiali tedeschi: avevano l'ordine di trasportarlo in patria via terra, attraverso l'Italia e l'Austria. I raid degli Alleati sul territorio italiano e la crescente impopolarità di Mussolini, tuttavia, rendevano il piano troppo azzardato, perciò quando il convoglio giunse a Roma fu ordinato loro di far traghettare le casse in Corsica via mare. Una volta che fossero state al sicuro sull'isola sarebbero ripartite verso il porto di La Spezia per poi riprendere il tragitto via terra fino in Germania.

Il 16 settembre 1943 seguì una misteriosa spedizione in Corsica. I quattro ufficiali mandarono a chiamare un sommozzatore di nome Peter Fleig per incontrarlo a Bastia. Gli infilarono una muta e lo portarono su un motoscafo chiedendogli di localizzare «una formazione rocciosa particolarmente inusuale». L'uomo la individuò sott'acqua, poi riemerse: le coordinate furono segnate su una mappa.

Venne riaccompagnato a Bastia e vide «sei casse in piombo e lamiera piene di preziosi. Contenevano vasellame d'oro, calici d'argento, cofanetti con gemme incastonate, diamanti, gioielli, perle e un certo numero di dipinti».

Il 18 settembre, per i pesanti bombardamenti alleati e l'instabilità della situazione italiana, i quattro ufficiali tedeschi de-

L'ex Obersturmbannführer delle SS Walter Rauff dopo l'arresto a Punta Arenas, in Cile, nel 1962.

cisero che era troppo pericoloso trasportare il tesoro via terra. Ordinarono a Fleig di immergersi con le casse nel punto precedentemente individuato e di contrassegnare con quattro boe il luogo in cui venivano depositate. Ci vollero 9 metri di corde per assicurarle.

Più tardi, quel pomeriggio, Fleig e i quattro ufficiali arrivarono a La Spezia, dove il più alto in grado riferì delle loro azioni al comandante tedesco. I cinque vennero immediatamente arrestati: Fleig fu percosso dalle SS e imprigionato per un mese, ma poi rilasciato; gli ufficiali vennero sottoposti alla corte marziale e uccisi.

La ricerca del tesoro

Dopo la guerra Fleig tornò in Corsica. Aveva preso accuratamente nota della posizione delle casse ed era deciso a reclamare il tesoro per sé. Contattate le autorità francesi, compì il primo di numerosi tuffi in cerca delle ricchezze perdute e fu personalmente coinvolto in molti dei successivi, anche se nessuno riuscì a localizzare tracce del bottino perduto.

Nel 2006 una società televisiva tedesca inviò alcuni sommozzatori in Corsica con un sonar. Era una spedizione non autorizzata e il governo francese li fece allontanare con una multa. Le loro esplorazioni, comunque, non erano approdate a nulla.

Poi nel 2007 un ricercatore britannico, Terry Hodgkinson, annunciò il progetto di ricercare il tesoro smarrito. «Siamo piuttosto sicuri della posizione» affermò. «Si trova apparentemente a meno di un miglio nautico da Bastia».

Il valore dei preziosi è stimato a non meno di 250 milioni di sterline.

Ian Fleming scoprì la storia dell'«oro di Rommel» all'epoca

in cui lavorava per l'intelligence britannica, quando un commando compì un raid sul castello di Tambach, in Baviera, e dissotterrò gli archivi navali tedeschi. Analizzando quel materiale, Fleming apprese dell'oro rubato; tentò di convincere il «Sunday Times» a finanziare una spedizione per recuperarlo, ma il costo era proibitivo e la proposta fu respinta. Scrisse poi una versione romanzata della storia nel suo libro *Al servizio segreto di sua maestà*.

Qualunque sia stato il destino dell'«oro di Rommel», le sue successive vicende restano tuttora sconosciute. Se anche venisse recuperato sarebbe comunque uno sporco bottino, prezzo di sangue versato sotto la minaccia delle armi per evitare un genocidio.

IL TRENO D'ORO NAZISTA

Molto si è favoleggiato di un treno con una gran quantità d'oro e tesori sepolto in una galleria sotterranea nel 1945. Correva voce che si trovasse nella Bassa Slesia, vicino alla città di Waldenburg (l'attuale Wałbrzych). Si sostiene che un convoglio partì da Breslavia, fu fatto proseguire attraverso i tunnel scavati sotto le Góry Sowie (i «Monti Civetta») e, al suo arrivo, fu sepolto nella vasta rete di gallerie e miniere.

Secondo l'aneddotica sull'argomento il nascondiglio sotterraneo celava oro, pietre preziose, dipinti rubati e armi. Si sono compiuti vari tentativi di individuarlo, ma nessuno è stato coronato da successo e oggi molti storici dubitano che il treno sia mai davvero esistito.

L'agosto 2015 ha visto riaccendersi l'interesse per la vicenda quando il tedesco Andreas Richter e il polacco Piotr Koper – imprenditori minerari, come si è appreso in seguito – sostennero di aver ascoltato una confessione in punto di morte circa l'ubicazione del convoglio e ricevettero l'autorizzazione del governo polacco a cominciare un'esplorazione dell'area, nota come «Zona 65».

Stando a Richter e Koper, immagini radar della zona mostravano la presenza di un grosso treno. Il governatore della regione era scettico e osservò: «Questa presunta scoperta non è più documentata di altre segnalazioni simili fatte nel corso degli anni».

Il 4 settembre 2015 Richter e Koper rilasciarono una dichiarazione, annunciando che conoscevano l'esatta ubicazione del treno. L'accompagnarono con alcune immagini, in cui pareva di distinguere un profondo cunicolo con un qualche tipo di oggetto all'interno. I due uomini sostenevano che il nascondiglio del treno si trovasse su un tratto di rotaie tra Breslavia e Wałbrzych.

Il governo polacco fece recintare preliminarmente l'area boschiva, eliminò una parte degli alberi e verificò l'eventuale presenza di mine o bombe inesplose. Ultimata la messa in sicurezza i due esploratori furono autorizzati a svolgere le loro ricerche.

Nel novembre 2015 due squadre avevano ormai iniziato a lavorare in loco: una era diretta da Richter e Koper, l'altra dall'Accademia Mineraria di Cracovia. Il 15 dicembre il team dell'accademia dichiarò che non era stata scoperta alcuna prova della presenza di un treno, benché non fosse escluso che il luogo potesse contenere una galleria crollata. Richter e Koper rifiutarono quella valutazione.

Nell'agosto 2016 cominciarono a scavare, impiegando una squadra di sessantaquattro persone. L'operazione ebbe un costo di 131.000 dollari. Dopo sette giorni di scavi ininterrotti si scoprì che le immagini radar, così importanti per i due cercatori, corrispondevano in realtà a formazioni naturali nel ghiaccio.

Malgrado quel plateale fallimento, i due annunciarono che avrebbero proseguito la ricerca del treno perduto nelle località limitrofe. Per il momento l'unica cosa certa è che nessun convoglio è stato finora scoperto. Forse non sapremo mai se sia realmente esistito o se sia il frutto di una semplice leggenda del tempo di guerra: intanto il mistero del «treno d'oro» nazista rimane un enigma insoluto.

I TESORI TRAFUGATI DAI NAZISTI

Oltre al tesoro sottratto alla comunità ebraica tunisina vi furono sistematiche appropriazioni di beni finanziari, artistici e di altra natura nei paesi occupati dai nazisti. Le vicissitudini di quel bottino restano in gran parte sconosciute e ancor più controversa è la sorte dei tesori custoditi alla Reichsbank.

Probabilmente la reale entità dell'oro, dell'argento, delle opere d'arte e degli altri tesori rubati dai tedeschi non sarà mai nota. Tuttavia il Congresso ebraico mondiale sostiene che oro e beni sottratti agli ebrei dai nazisti – comprese le otturazioni dentarie delle vittime della Shoah – siano illegalmente detenuti dalla Banca d'Inghilterra e dalla Federal Reserve Bank di New York. Sostiene inoltre che gran parte di quel bottino sia stato depositato in banche svizzere o riciclato attraverso di esse.

Non c'è dubbio che la Svizzera fosse collusa con i nazisti e che le banche svizzere beneficiassero in misura sconosciuta del denaro e dei tesori trafugati che ospitavano. Alla fine furono costrette a pagare 1,25 miliardi di dollari di compensazione, ma la reale entità dei loro affari corrotti non è mai stata stabilita.

Altre fonti, tra cui agenzie d'intelligence americane, sostengono che il Vaticano detenga oro nazista per un valore di 350 milioni di franchi svizzeri. Questo ammontare sarebbe per lo più in forma di monete d'oro, depositate nei caveau della Banca Vaticana. La Chiesa nega, ma ha rifiutato di concedere l'accesso ai suoi archivi per una verifica indipendente.

Secondo un'altra teoria il gangster Meyer Lansky, detto il «contabile della mafia», andò in Svizzera e trasferì circa 300 milioni di dollari su conti svizzeri. Quel denaro fu in seguito riciclato, fino a tornare «pulito» nelle mani della mafia americana.

È certo che, alla fine del conflitto, soldati americani e sovietici abbiano saccheggiato a loro volta il bottino, per iniziativa personale o per conto dei propri governi. Alcuni si arricchirono rubando tesori, ma per lo più furono gli Stati ad approfittarne. Anche molti tedeschi, militari e civili, rubarono soldi e beni dai nascondigli segreti in cui erano stati nascosti nelle ultime fasi della guerra.

Gli Alleati scoprono il nascondiglio della Reichsbank

Uno degli aspetti più controversi dei saccheggi nazisti riguarda i perduti depositi della Reichsbank. La banca conteneva immense riserve d'oro cui, dal 1938 in poi, si era unito il frutto degli espropri effettuati in Austria, Cecoslovacchia, Olanda, Ungheria, Albania, Francia, Belgio e Unione Sovietica. Durante la ritirata dall'Italia i nazisti avevano poi trafugato oro italiano per un valore di 100 milioni di dollari.

La Reichsbank conteneva pure banconote, azioni, titoli e gioielli rubati ai prigionieri dei campi di concentramento. Il vicedirettore, Emil Puhl, era anche tra i dirigenti di una banca svizzera e usò quel canale per smaltire gran parte del bottino sottratto alle vittime del genocidio.

Il 3 febbraio 1945 la Reichsbank fu duramente colpita nel

corso di un pesante bombardamento aereo. L'edificio era praticamente distrutto e si rese necessario trasportarne i contenuti in un luogo più sicuro. Fu deciso di inviare le riserve di valuta e d'oro in una miniera di potassio a Merkers, in Turingia.

Il 9 febbraio vennero trasferite le banconote e tre giorni più tardi gran parte dell'oro: entro il 18 febbraio l'intero contenuto della banca era ormai nascosto nella miniera.

Quando il 22 marzo gli americani varcarono il Reno si fecero spasmodici tentativi di rimuovere il tesoro da Merkers. Parte della valuta fu trasferita con successo, ma il compito di spostare l'oro era troppo gravoso.

Il 4 aprile 1945 le forze americane presero Merkers e il 7 aprile avevano ormai scoperto la miniera, che cominciarono a esplorare. Trovarono quasi un miliardo di Reichsmark in banconote, poi aprirono con la dinamite una sezione più interna della cava ed essa rivelò uno straordinario cumulo di tesori: lingotti d'oro, monete, valuta, otturazioni, gioielli e oggetti di valore assortiti. I soldati recuperarono anche dipinti, sculture e altre opere d'arte.

Il ritrovamento era così ingente che i generali Bradley, Eisenhower e Patton vennero di persona a ispezionarlo. Eisenhower decise di spostare il tutto nell'edificio della Reichsbank di Francoforte e il 14 aprile i tesori della miniera furono rimossi. Il 15 vennero trasferiti a Francoforte come stabilito.

I nazisti spostano le riserve rimaste

La notizia che le riserve della Reichsbank a Merkers erano cadute in mano agli americani sconvolse i leader nazisti. Walther Funk, il presidente della banca, si appellò direttamente a Hitler perché autorizzasse il trasferimento delle restanti riserve fuori

Berlino: le armate russe avanzavano inesorabilmente e non c'era tempo da perdere se si volevano salvare i beni rimasti.

Il compito di spostare i valori superstiti venne affidato al funzionario di polizia Friedrich Rauch e il suo team impiegò dal 4 al 13 aprile per raccogliere quasi tutte le riserve dalle banche non ancora controllate dagli Alleati. Le banconote vennero fatte viaggiare su rotaia, l'oro su strada. Il transito ferroviario fu un incubo e la valuta di carta impiegò due settimane a raggiungere la sua destinazione a Monaco; la spedizione su ruota ebbe invece miglior fortuna. Il 19 aprile tutti i beni erano stati ormai trasferiti da Monaco a Peissenberg, 129 chilometri a sud della città.

L'idea era quella di nascondere il tesoro in una miniera di piombo, ma risultò allagata e Funk ricevette una telefonata in cui gli si chiedeva l'autorizzazione a ritrasportare a Monaco le

L'arrivo del ministro dell'economia Walther Funk, nella giornata inaugurale della fiera annuale di primavera alla Gewandhaus, nel 1938.

banconote. Il resto delle riserve, egli ingiunse, doveva essere affidato al colonnello Franz Pfeiffer, ufficiale della locale Accademia di addestramento degli alpini.

Il 21 aprile le banconote furono riportate a Monaco, quel che restava del carico si diresse a sud. Il giorno dopo Hitler ammise infine di aver perso la guerra. Himmler ordinò al generale delle SS Berger di nascondere la valuta straniera contenuta alla Reichsbank, ma Berger rubò il denaro e lo nascose sotto le tavole del pavimento di un fienile di proprietà di una guardia forestale. All'atto della sua cattura restituì parte della somma rubata, ma il grosso non fu mai trovato.

In Germania ormai regnava il caos. Un gruppo di SS entrò nella nuova sede centrale della Reichsbank e rubò qualunque cosa trovasse sul suo cammino. Minacciò gli impiegati a mano armata e portò via oltre 9 milioni di dollari in valuta straniera. Il bottino fu trasferito a Burgwies, in Austria, ma all'arrivo laggiù le SS scoprirono che le truppe alleate erano alle porte e sarebbe stato impossibile spostare il tesoro altrove, perciò si affrettarono a seppellire i beni rubati sotto alcuni alberi. Altri valori trafugati vennero gradualmente spartiti tra loro... Poi arrivò il famigerato tenente colonnello Otto Skorzeny.

Egli portò il bottino in montagna e lo fece sotterrare: di quella parte del tesoro non si è mai più trovata traccia. Visto che Skorzeny si arricchì notevolmente dopo la guerra, è lecito pensare che fosse tornato al nascondiglio e, semplicemente, l'avesse tenuto per sé.

Le SS avevano rubato grandi quantità di denaro, oro e gioielli. Dopo la loro partenza da Berlino in città arrivò l'Armata Rossa. Il 15 maggio i sovietici ordinarono che la Reichsbank aprisse casseforti e caveau, ne presero in consegna i contenuti (banconote, monete, lingotti e titoli per oltre 400 milioni di dollari) e... nessuno li ha mai più rivisti. Né si è riusciti a stabilire se il capo delle operazioni li abbia semplicemente intascati oppure consegnati al governo sovietico.

Restano controverse le sorti del tesoro affidato a Franz Pfeiffer e da lui seppellito a Mittenwald. I suoi uomini scaricarono il contenuto dei camion nella notte, sapendo che le forze americane si stavano avvicinando. Un sacco di lingotti risultava mancante e, malgrado le spasmodiche ricerche, non riuscirono a trovarlo: evidentemente era stato rubato, ma non c'era tempo di indagare oltre.

Alla ricerca di un nascondiglio

Di fronte all'inesorabile avanzata degli americani, Pfeiffer parlò con le guardie forestali del posto, chiedendo consiglio su quale fosse il luogo migliore in cui nascondere il tesoro. Una porzione fu depositata in una stazione della forestale e ci vollero giorni per completare il trasferimento del carico. Poi parte delle banconote e alcune matrici furono portate sul lago Walchensee, in una barca che venne affondata.

Il 30 aprile gli americani presero la regione. Pfeiffer tentò di arrendersi, ma gli fu detto di aspettare fino al mattino. Lui e Rauch allora si travestirono da guardie forestali e si diedero alla macchia.

Funk venne catturato dagli americani il 6 maggio e in seguito un team alleato, la Sottocommissione monumenti, belle arti e archivi, cominciò la ricerca del tesoro trafugato dai nazisti. Un'altra squadra, detta della «Corsa all'oro», tentò di localizzare gli eventuali beni – oro, denaro, preziosi – che non fossero già stati scoperti nella miniera di Merkers.

Tutto ciò che si dissotterrava veniva spedito a Francoforte e depositato nell'edificio della Reichsbank, ma piccoli furti ebbero luogo persino durante le operazioni di deposito. Evidentemente il servizio di sicurezza dell'edificio non era rigoroso come avrebbe dovuto. Il materiale preso in custodia non fu nemmeno formalmente inventariato.

Al tenente Herbert DuBois venne affidato il compito di rintracciare l'oro sepolto da Pfeiffer. Poco si sa di questo ufficiale e persino la sua nazionalità è controversa. Poteva essere francese o americano e parlava correntemente il tedesco. DuBois inviò soldati in cerca dell'oro e interrogò prigionieri tedeschi per circa una settimana, producendo infine un rapporto lacunoso. Fu sostituito da un altro ufficiale, che si dimostrò più coscienzioso nelle indagini.

Uno dei prigionieri fece il nome di Pfeiffer e gli inquirenti si misero sulle sue tracce. Per un po' si era dato alla macchia, poi aveva preso contatti con Gebhart von Blücher, discendente del famoso Blücher che aveva combattuto al fianco di Wellington a Waterloo.

Blücher e la sua famiglia lo avevano accolto e Pfeiffer aveva chiesto loro di aiutarlo a nascondere «grosse somme in valuta straniera e oro». Dibatterono sulla possibilità di spedire il tesoro in Vaticano, ma in breve decisero semplicemente di nasconderlo in un posto sicuro.

Ogni notte Pfeiffer e Rauch arrivavano a piedi al Walchensee, salivano in cima al Klausenkopf e riempivano due zaini a testa di dollari e di sterline in banconote. Milioni di dollari in contanti furono portati nella dimora dei Blücher, poi ripartiti in vasi, barattoli, pentole e altri contenitori, prima di essere sepolti nel giardino. Dopo un po' si rese necessario trovare altri nascondigli. In alcune baite della Valle del Loisach vennero sepolte banconote per un valore di circa 5 milioni di dollari.

Chi ha preso l'oro nazista?

L'esercito degli Stati Uniti continuò le ricerche dell'oro ed effettuò altri arresti. Questa volta, alcuni degli arrestati riferirono almeno qualche particolare dei luoghi di sepoltura del tesoro e si intraprese una ricerca a tappeto.

Il 7 giugno, dopo che un prigioniero tedesco coinvolto nell'occultamento era crollato durante un interrogatorio, un gruppo di soldati americani raggiunse il monte Steinriegel. Là, in mezzo a un gruppo di alberi, trovarono il primo nascondiglio. Disseppellirono 364 sacchi d'oro, contenenti 728 lingotti per un valore di 10 milioni di dollari. Il carico fu infine trasportato nella sede della Reichsbank di Francoforte.

Due settimane dopo fu scoperto un secondo nascondiglio in un bunker ricavato nel fianco di una montagna vicino a Krün, a nord-est di Mittenwald. L'ufficiale incaricato dello scavo e del trasporto riferì che era «impilato in... circa quattro mucchi di un metro d'altezza e di larghezza». I suoi soldati caricarono l'oro su due camion, ciascuno con a bordo il conducente e un agente dei servizi segreti. «Sono partiti» disse ancora l'ufficiale, «e non ho mai più rivisto né gli uomini né l'oro». Il tesoro svanì dai registri – malgrado i tentativi di insabbiarne la perdita, facendo figurare che fosse lo stesso oro scoperto il 7 giugno – e fu quasi certamente rubato. Resta incerto chi fosse il responsabile del furto: forse fu trafugato da singoli soldati o agenti dell'intelligence o forse, semplicemente, trasferito in segreto nelle mani del governo americano, senza registrarne il passaggio negli inventari.

Qualunque sia la verità, un'immensa quantità d'oro sparì senza lasciare traccia e le sue vicissitudini rimangono ignote. Tedeschi, russi e americani furono tutti coinvolti nella sottrazione di parte del tesoro e, nel complesso, questo saccheggio a più mani di milioni in banconote, oro e titoli è stato giustamente ribattezzato «la più grande rapina della storia».

LA COLLEZIONE D'ARTE DI CORNELIUS GURLITT

Nel 2012 circa 1500 inestimabili opere d'arte sono state scoperte in residenze di proprietà di Cornelius Gurlitt a Monaco e a Salisburgo: tra queste, dipinti di Paul Cézanne, Claude Monet, Gustave Courbet, Ernst Ludwig Kirchner e Otto Dix. Gurlitt aveva ereditato la collezione da suo padre Hildebrand Gurlitt, l'uomo che svolgeva l'incarico di mercante d'arte per conto di Hitler.

Dopo una serie di controversie legali circa la proprietà della collezione, è stato stabilito che questa rimanga al Kunstmuseum di Berna. Nel novembre 2017 il Kunstmuseum e la Bundeskunsthalle di Bonn hanno esposto la collezione in una mostra congiunta.

Hildebrand Gurlitt era stato direttore di museo a Zwickau e un grande sostenitore dell'arte moderna per tutti gli anni Venti, ma all'aumentare del consenso verso i nazisti, con la loro ostilità per il modernismo, perse il posto.

Nel 1933 divenne direttore di una galleria di Amburgo, ma fu licenziato per il rifiuto di innalzare una bandiera con la svastica. Divenne allora mercante d'arte e aprì una galleria, ma a causa delle sue origini ebraiche (per un quarto era ebreo) dovette intestarla alla moglie.

Frustrato dall'impossibilità di far carriera, si risolse a collaborare con i nazisti. Scrisse al Ministero della propaganda di Goebbels e offrì i suoi servigi come esperto d'arte moderna. Fu inserito in una équipe di quattro mercanti d'arte, incaricata di acquisire opere per il progetto del Führermuseum a Linz.

In seguito alla sconfitta della Germania fu interrogato dagli

Alleati in merito alle opere scomparse, ma riuscì a convincerli che il suo ruolo era stato marginale e che non aveva gestito acquisizioni di valore. Divenne poi direttore di una galleria d'arte di Düsseldorf e morì nel 1956.

Il figlio Cornelius aveva ereditato il nascondiglio segreto del padre e si recava periodicamente in Svizzera, dove vendeva pezzi della collezione paterna. Nel 2010, mentre tornava dalla Svizzera in Germania, fu arrestato da una guardia doganale, che gli trovò addosso circa 9000 euro. Non era una gran somma, ma bastava a renderlo sospetto. Gurlitt, in effetti, aveva l'abitudine di depositare i proventi delle sue vendite in Svizzera e di prelevare 9000 euro al mese per le spese correnti. Ne seguì un'indagine sulle sue attività da parte del fisco, che individuò e requisì la raccolta.

Dispute sulla proprietà

L'anno successivo Gurlitt morì e lasciò la collezione al Kunstmuseum di Berna. Ciò diede origine a una controversia legale circa la provenienza e appartenenza delle opere d'arte in questione. Cinque dei dipinti in suo possesso furono restituiti ai precedenti proprietari: la *Donna seduta* di Henri Matisse, L'*Interno di una chiesa gotica* di Adolph von Menzel, *La Senna e il Louvre* di Camille Pissarro e *Due cavalieri sulla spiaggia* di Max Liebermann. Attualmente si indaga la provenienza di opere di Renoir, Rodin, Signac e Munch in vista di una possibile restituzione ai possessori precedenti.

Si è inoltre scoperto un Cézanne – *La montagna Sainte Victoire* – dietro una credenza nella casa salisburghese di Gurlitt. Nonostante la famiglia Cézanne si sia impegnata in una battaglia legale per rientrarne in possesso, anche questa opera è poi rimasta al Kunstmuseum.

Molte opere della raccolta erano state confiscate a gallerie pubbliche nel periodo nazista, con la motivazione che rappresentavano una «forma d'arte degenerata»; altre erano state trafugate o comprate per quattro soldi da proprietari ebrei. Con la conquista tedesca di gran parte dell'Europa, avvennero saccheggi a tappeto e molti pezzi della Collezione Gurlitt furono probabilmente acquistati a seguito di tali razzie.

I nazisti s'impossessavano di opere da destinare alle collezioni personali di Hitler e Göring o da rivendere all'estero per incamerare capitali stranieri. Moltissime sono andate perdute per sempre e la Collezione Gurlitt è forse la più grande raccolta d'arte rubata mai scoperta.

Non si saprà mai quanto Hildebrand Gurlitt avesse acquisito con il furto e quanto avesse comprato attingendo alle proprie ricchezze personali, né si scoprirà mai quante opere siano andate distrutte o disperse in seguito alle razzie del periodo bellico: il tutto rappresenta un triste capitolo e un mistero irrisolto della storia dell'arte.

MISTERI SCIENTIFICI

6

IL GENERATORE DI ENERGIA DI HANS COLER

Uno dei più affascinanti misteri scientifici del periodo bellico è quello della macchina progettata da Hans Coler. Abbiamo la fortuna di possederne una descrizione dettagliata, corredata dai progetti, da un resoconto del funzionamento e dagli esiti di numerosi test. Dopo la fine del conflitto, alcuni agenti dell'intelligence britannica interrogarono l'inventore e il suo dispositivo fu testato da scienziati britannici e stranieri. Con grande sbigottimento generale, funzionava alla perfezione.

Coler aveva cominciato a lavorare a un «apparecchio per la generazione di energia elettrica» nel 1923. Per tre anni si era dedicato a mettere a punto un dispositivo e lo aveva sottoposto al vaglio di scienziati e ingegneri. Con notevole stupore quegli esperti avevano dovuto constatare che l'invenzione produceva «un surplus di energia o una moltiplicazione dell'energia», senza saper dire come e perché riuscisse a farlo. Nemmeno Coler aveva idea del perché, ma il suo apparecchio indubbiamente funzionava.

Forte di quelle valutazioni, nel 1925 aveva richiesto un brevetto, che però gli fu negato per la ragione che la sua era una «macchina a moto perpetuo». Allora aveva accantonato il progetto, non riuscendo a trovare finanziamenti per proseguire studi e test.

Nel 1933, tuttavia, il nuovo governo nazista si era mostrato più sensibile alle idee scientifiche non proprio ortodosse e Coler aveva potuto disporre di fondi per riprendere a sperimentare.

Il suo primo apparecchio fu il Magnetstromapparat, messo a punto nel 1933, con l'iniziale aiuto di Willi von Unruh, cui in seguito si unì Franz Haid della Siemens-Schukert. Nel dicembre 1933, seguendo le istruzioni di Coler, Haid costruì un modello che funzionò con successo; altri furono poi realizzati ed esaminati da due scienziati, che ne confermarono entrambi l'efficacia. Un modello del dispositivo di Coler, chiuso a chiave in una stanza per tre mesi, non smise di funzionare.

Il Magnetstromapparat era costituito da sei magneti avvolti in una bobina, in modo tale che il circuito includesse i magneti e la bobina di avvolgimento. Questi erano disposti a esagono e collegati a un circuito che comprendeva due condensatori, un interruttore e due solenoidi, uno dei quali scorreva dentro l'altro. L'interruttore veniva lasciato acceso e i magneti leggermente separati. Si regolava la bobina scorrevole finché non appariva un segnale sul voltmetro, quindi l'interruttore veniva spento. Gradualmente la potenza aumentava a un valore massimo di 12 watt.

Né Coler né gli altri scienziati e ingegneri che testarono il dispositivo sapevano spiegare perché ciò accadesse. Con il tempo Coler cominciò a elaborare alcune tesi, tutte in contrasto con le teorie scientifiche ortodosse sull'elettromagnetismo, le leggi del moto e quelle della termodinamica.

Il secondo dispositivo di sua invenzione fu lo Stromerzeuger.

Nel 1925, con tanto di test riusciti e convalidati da altri studiosi, Coler richiese un brevetto, ma la domanda fu respinta.

Lo Stromerzeuger era costituito da magneti, bobine piatte e lastre di rame, collegati a un circuito inizialmente alimentato da una piccola pila a secco. La sua emissione veniva usata per accendere lampadine e la potenza ricevuta risultava maggiore dell'immissione elettrica originaria.

Nel 1933 Coler realizzò una versione più grande del dispositivo, che produsse 70 watt; nel 1937 ne aveva ormai costruita una ancora più grande, in grado di produrre 6 kilowatt. Nel 1943 il suo apparecchio fu testato dall'OKM, il dipartimento ricerche dell'Ammiragliato, e si ordinò al dottor Heinz Frohlich di compiere altri test, sviluppando ulteriormente lo Stromerzeuger. Egli studiò le variazioni di energia prodotte quando si aprivano o si chiudevano gli induttori, ma non riuscì a trovare una spiegazione che si accordasse alle teorie scientifiche ortodosse. Il dispositivo funzionava, ma né Coler né Frohlich sapevano spiegare come o perché.

Nel 1944, l'OKM mandò Coler alla Continental Metall AG per svolgere ulteriori ricerche, ma il tutto restò arenato per l'inasprirsi della situazione militare, poi nel 1945 lo Stromerzeuger venne distrutto durante un bombardamento aereo.

Alla fine della guerra Coler fu interrogato dalle autorità britanniche, ma non seppe dare spiegazioni circa il funzionamento dei suoi apparecchi. Forse, azzardò Coler, il ferromagnetismo era un fenomeno oscillatorio che si produceva nel circuito magnetico e ciò creava ulteriori oscillazioni nei circuiti elettrici dei dispositivi. L'unica altra possibilità, a suo modo di vedere, era che si stesse attingendo a qualche fonte di energia sconosciuta, per cui suggerì il nome di Raumenergie («energia dell'etere»).

Qualunque fosse la verità, non c'è dubbio che i suoi apparecchi funzionavano; scienziati tedeschi e britannici li avevano testati, osservandone il funzionamento, ma erano egualmente a corto di argomenti riguardo al come e al perché.

L'UR-MACHINE DI KARL SCHAPPELLER

Karl Schappeller era un rabdomante che conobbe Himmler nel 1933 e venne reclutato per collaborare con le SS. Uno dei principali interessi dei nazisti era quello di rendere la Germania autosufficiente dal punto di vista della produzione energetica: nel 1930 il «gruppo di lavoro» (RAG) dedicato allo scopo sostenne che le idee di Schappeller avrebbero permesso di eliminare la rete elettrica nazionale e tale prospettiva aveva certamente un immenso richiamo.

Il dispositivo di Schappeller era composto da due unità separate. Una, lo statore, era sferica e costituita da due semicalotte d'acciaio. A ogni polo della sfera era annesso un magnete a barra e al centro della sfera c'era uno spazio tra i due magneti. Due bobine interne in tubo di rame cavo si avvolgevano nell'area centrale e il tubo di rame era riempito di una sostanza segreta – probabilmente un liquido – detta «elettrete». Si operavano i collegamenti elettrici, a una pila o a una «Ur-machine» (*vedi* più avanti). Il tipo di magnetismo coinvolto nel dispositivo non era apparentemente il normale ferromagnetismo o elettromagnetismo, ma una forma di energia magnetica assai più intensa.

Non è noto che cosa fosse il misterioso «elettrete», ma un professore giapponese ne ha realizzata una versione moderna usando un misto di resina, cera di carnauba e cera d'api, l'ha inserita all'interno di un forte campo elettrico e l'ha riscaldata finché non è passata allo stato solido.

Nel dispositivo di Schappeller l'aria veniva estratta con una pompa dal centro cavo della sfera, creando il vuoto. La sfera veniva poi montata su un meccanismo girevole in modo che i poli magnetici si potessero spostare in direzioni diverse. Lo statore era in grado di funzionare senza il rotore e, apparentemente, riusciva a produrre energia elettrica per proprio conto. Usando il rotore si poteva produrre energia supplementare, quindi era essenzialmente un booster.

Una pubblicazione del 1930, *Vril, die kosmische Urkraft* («Vril, la forza cosmica primigenia») di Johannes Täufer, fa riferimento a un'altra forma del dispositivo, che Täufer chiama Ur-machine. Questa, si legge, era formata da sei unità sferiche – di cui cinque giravano intorno alla sesta – più una settima unità, usata per far ruotare le cinque sfere rotanti. La sesta e la settima fungevano da anodo e catodo per la messa a terra dell'unità e questa poteva anche attivare altre sfere senza la necessità di usare una pila.

Schappeller sosteneva che il suo dispositivo fosse in grado di alimentare una nave o qualunque altro tipo di applicazione meccanica. A suo giudizio era il «magnetismo luminoso» prodotto dalla macchina a distinguerla da tutti gli altri apparecchi simili. Si trattava di un campo magnetico immensamente potente all'interno del vuoto creato al centro della macchina e, una volta generato, l'apparecchio avrebbe continuato a funzionare da solo anche se totalmente scollegato. Secondo i suoi calcoli l'energia prodotta da questo «magnetismo luminoso» era mille volte più potente di quella ordinaria. Egli sosteneva inoltre che il magnetismo si irraggiava verso l'esterno, laddove la corrente elettrica rimaneva statica.

Negli ultimi anni della Repubblica di Weimar aveva ricevuto fondi per lavorare al suo dispositivo e in seguito, nell'era nazista, l'interesse di Himmler significò per lui maggiore supporto e risorse. Grazie a quell'investimento governativo divenne un uomo ricco.

L'ingegnere britannico Cyril Davson esaminò il dispositivo di Schappeller e trascorse tre anni a lavorare con lui. Egli riteneva che l'energia fosse attirata dai magneti nel campo magnetico luminoso centrale e poi irradiata verso l'esterno. Come Schappeller, Davson aderiva al concetto di fisica eterica e credeva che fosse la natura dell'etere a spiegare il misterioso funzionamento della macchina.

XERUM 525 (MERCURIO ROSSO)

Il mercurio rosso è uno strano composto il cui nome divenne noto al pubblico nel caotico periodo che fece seguito al termine della Guerra Fredda. La sua effettiva esistenza è oggetto di acceso dibattito, come pure le sue origini e la sua esatta composizione chimica. Lo si è definito un esplosivo convenzionale, con la capacità di innescare una fusione nucleare senza bisogno di una bomba atomica.

«È una polvere di colore rosso scuro» hanno affermato alcuni scienziati russi, «ma la irradiamo in un reattore nucleare e si trasforma in un liquido molto pesante.» Le stesse fonti russe sostengono che il mercurio rosso possa essere usato per la detonazione di un nucleo di plutonio, rendendo di conseguenza «la fissione più efficiente». Si dice che possa funzionare «con una testata nucleare di tipo minuscolo», cosa impossibile quando si impiegano missili convenzionali a base di uranio e di plutonio.

Esistono versioni disparate della sua composizione chimica. Un rapporto del KGB lo definiva «un sale mercurico dell'antimonio», dicendo che era stato testato nel reattore di Dubna, «idoneo a impiantare cesio, stronzio e altri isotopi nel materiale».

Scienziati bulgari hanno analizzato una sostanza che si sosteneva fosse mercurio rosso e l'hanno identificata come un mix di mercurio e tellurio, mentre secondo alcuni studiosi sudafricani il mercurio rosso era ottenuto usando dell'ossido mercurico di antimonio «con una barra di uranio nel mezzo».

Il fisico britannico Frank Barnaby scoprì da ricerche russe che l'ossido mercurico di antimonio era

> disciolto in mercurio convenzionale (quello usato nei termometri), quindi posto in contenitori che venivano inseriti al centro di un reattore nucleare per circa venti giorni. A seguito di un intenso bombardamento di neutroni, forse con l'aggiunta di catalizzatori, il materiale si trasformava in un liquido molto denso e di colore rosso ciliegia.

Secondo un articolo apparso sulla «Pravda» nel 1993, il mercurio rosso è «un superconduttore usato per la produzione di esplosivi convenzionali o nucleari ad alta precisione, superfici "stealth", testate autoguidate», mentre un documentario di Channel 4 annunciava che «scienziati russi hanno progettato una bomba ai neutroni in miniatura, usando un misterioso composto di nome mercurio rosso».

Samuel T. Cohen, un fisico nucleare americano, ha affermato che il mercurio rosso sarebbe prodotto «mischiando alla sostanza ordinaria specifici materiali nucleari in piccolissime quantità e poi inserendo il mix in un reattore nucleare o bombardandolo con un fascio in un acceleratore di particelle». Cohen ha dichiarato che il processo genera temperature «in grado di provocare l'accensione dell'idrogeno pesante[4] e di produrre una minibomba ai neutroni a fusione pura».

4. O deuterio. [N.d.T.]

L'unica cosa su cui concordano quanti credono nell'effettiva esistenza del mercurio rosso è che questo sia nato nell'ambito di un programma scientifico segreto nazista e che abbia poi rappresentato un'elaborazione sovietica del lavoro iniziale tedesco. Molti scienziati atomici tedeschi, infatti, erano stati catturati dai russi e costretti a lavorare per loro. Con il mercurio rosso si tende a identificare la misteriosa sostanza detta Xerum 525, che si ritiene fosse impiegata nel progetto Glocke («Campana»), volto alla realizzazione di un dispositivo segreto la cui finalità è oggetto delle più fantasiose speculazioni.

L'esatta composizione dello Xerum 525 è sconosciuta. La maggior parte delle fonti sostiene che fosse un mix di ossido mercurico di antimonio disciolto in mercurio convenzionale; altre elencano tra i componenti ossidi di berillio e torio. Questi materiali erano poi sottoposti a un bombardamento con un fascio in un acceleratore di particelle per produrre una reazione nucleare.

Il vantaggio della procedura era che permetteva di usare masse assai più piccole e leggere per creare un'arma nucleare. Restano forti dubbi sulla riuscita di questi tentativi, soprattutto in un momento in cui, con i bombardamenti alleati in corso, interi impianti nazisti venivano distrutti e gli scienziati correvano contro il tempo, sottoposti a un'intensa pressione.

Dopo la resa della Germania e il trasferimento di molti dei suoi più autorevoli scienziati nucleari sotto il controllo russo, è probabile che quelle prime, promettenti esperienze, parzialmente efficaci, siano proseguite in Unione Sovietica e il loro risultato potrebbe essere stata la produzione del mercurio rosso o Xerum 525.

Se così fosse, sarebbe un altro esempio di progetto nazista perfezionato da altre nazioni una volta superate le difficoltà del periodo bellico.

SEGRETI NAZISTI CONSEGNATI AI RUSSI

Uno dei centri d'importanza strategica dei nazisti era un polo di ricerche militari situato presso gli impianti della Skoda in Cecoslovacchia. Dal 1938 all'inizio del 1945 fu diretto dal dottor Wilhelm Voss e operò a livelli di assoluta avanguardia in ambito scientifico. Uno dei suoi progetti più avanzati fu lo sviluppo di un velivolo a propulsione nucleare. Anche laser e missili rappresentarono settori chiave di ricerca, che al termine del conflitto avevano già raggiunto livelli sofisticati.

Il 6 maggio 1945 il rinomato centro di ricerche passò sotto il controllo dell'esercito degli Stati Uniti e team dell'intelligence britannica e americana giunsero nella sede per studiarne i segreti. Da otto anni in quel luogo si concepivano e sviluppavano progetti all'avanguardia e gli Alleati occidentali erano ansiosi di trarre vantaggio dalle scoperte del nemico.

Quella almeno era l'intenzione. Purtroppo, i leader del governo cecoslovacco in esilio erano già stati costretti a un'alleanza con l'Unione Sovietica nel 1943 e avevano accettato che la nazione entrasse nella sfera d'influenza sovietica a guerra finita. Nel gennaio del 1945 l'OSS emise un rapporto riservato secondo cui comunisti e socialdemocratici cechi erano «ben disposti», anzi persino «impazienti di vedere la Cecoslovacchia più o meno totalmente integrata nella – e dipendente dalla – politica sovietica». Concludeva con sconcertante ingenuità: «Gli emigrati cechi sono convinti che l'URSS non imporrà alla Cecoslovacchia i metodi economici o politici del comunismo russo».

A questo punto è opportuna una piccola digressione sulla storia d'Europa dopo la fine della Prima guerra mondiale. Nuovi paesi erano emersi dalla sconfitta di Germania, Austria e Impero ottomano. Sul fronte europeo erano nate Polonia,

Cecoslovacchia, Albania, Jugoslavia, Romania, Bulgaria e Ungheria da porzioni della Russia e da gran parte del territorio di Austria e Germania. Danzica, tedesca da generazioni, era stata trasformata in una «città internazionale» e così pure Memel, ceduta alla nuova nazione indipendente della Lituania con il nome mutato in Klaipėda.

Di tutte queste nazioni neonate solo la Cecoslovacchia era riuscita a diventare un paese autenticamente libero e democratico. Polonia, Albania e Ungheria erano dittature militari; Romania, Bulgaria e Jugoslavia, benché democratiche nella forma, erano spesso soggette a episodi di autoritarismo. I cechi, sotto la benevola presidenza di Tomáš Masaryk, erano riusciti a instaurare con successo una democrazia genuina. In seguito i successori di Masaryk tentarono di preservare l'indipendenza di fronte alle aggressioni di Hitler, ma fallirono. Nel 1939 l'intero paese era ormai parte del Reich tedesco.

Stando ai termini della Carta Atlantica, stilata nel 1941, in tutti i paesi dell'Europa orientale che erano stati annessi dai nazisti si sarebbe dovuta restaurare la democrazia alla fine della guerra. Stalin si era mostrato favorevole a quell'ideale – soprattutto nel 1941, quando la guerra sul fronte russo non si stava mettendo bene per l'Unione Sovietica – ma non era realmente intenzionato ad applicare tali politiche una volta che l'Europa fosse stata sotto il suo controllo. Nel 1948 era ormai riuscito a imporre il suo dominio in ogni paese della regione, tranne Jugoslavia e Albania che, per quanto nazioni comuniste, mantenevano la loro indipendenza da Mosca.

La massiccia penetrazione di agenti sovietici nei paesi dell'Europa orientale durante la guerra rendeva assai più difficile per gli Alleati occidentali operare con successo in quei territori.

L'ostruzionismo nei confronti degli Alleati

Di conseguenza, quando americani e britannici arrivarono alla Skoda con l'intenzione di scoprirne e sfruttarne i segreti, si ritrovarono ostacolati a ogni pie' sospinto. Gli operai cechi avevano un buon ricordo del direttore Voss e non erano particolarmente ansiosi di aiutare gli Alleati. Inoltre, agenti sovietici avevano consigliato loro di non cooperare, ricordando che l'impianto sarebbe presto caduto in mani sovietiche e che il comportamento dei lavoratori in quella «fase di transizione» sarebbe stato monitorato con rigore dai nuovi padroni.

I britannici scoprirono che tutti i documenti e i disegni erano stati messi su microfilm e trasferiti in una località vicina: richiesero accesso alla documentazione, ma i cechi si limitarono a negare l'esistenza dei microfilm.

Ogni tentativo di ottenere informazioni riceveva la stessa risposta: tutte le attrezzature e gli archivi erano stati distrutti. I britannici non riuscirono a carpire la minima informazione dagli operai; gli americani ebbero un po' più successo: si assicurarono due missili e alcuni dati scientifici.

Un altro esempio del deliberato ostruzionismo dei lavoratori era l'improvvisa «indisponibilità» di mezzi di trasporto che portassero i team di ispezione occidentali in visita ai vari impianti ausiliari. Nel settembre 1945 questi erano ormai sotto il pieno controllo dell'Unione Sovietica e tutte le informazioni erano state direttamente inviate a Mosca. Comprendevano impianti di produzione di macchine utensili, di motori diesel e di apparecchiature elettriche, industrie automobilistiche, cantieri navali e una fabbrica di armi. Ancor prima di passare ufficialmente in mano ai russi, la Skoda stava già realizzando aliscafi e motori per sottomarini per conto della marina sovietica. La reticenza degli operai cechi era forse inaspettata, ma certo è che privò l'Occidente della conoscenza di alcuni tra i più avanzati progetti segreti tedeschi.

Altrettanto certo è che gli Alleati occidentali avrebbero potuto fare ben poco per evitarlo. Ciò che avvenne il 10 maggio però fu del tutto diverso. Che fosse accaduto per pura incompetenza, per cieca obbedienza agli ordini o in esecuzione di una strategia deliberata, le sue conseguenze avrebbero influito sul destino dell'Europa nei successivi quarant'anni.

Un ufficiale USA al soldo dei russi?

Il 10 maggio Voss si recò alla Skoda. Gli operai lo tenevano ancora nella massima considerazione ed egli si apprestava a compiere una missione pericolosa. Come avrebbe detto nel 1949:

> Speravo di convincere gli ufficiali americani di stanza all'impianto, nell'imminenza della sua cessione all'Armata Rossa, che salvare il più possibile dei dati e dei sofisticati progetti lì racchiusi era questione di capitale importanza per la difesa nazionale americana: una volta caduta in mani sovietiche, quella tecnologia sarebbe diventata una minaccia per la sicurezza occidentale.

Voss arrivò allo stabilimento e fu riconosciuto da alcuni dipendenti, che lo fecero entrare. Prese contatti con il personale e scoprì che i documenti più importanti erano immagazzinati su un camion. Avvicinò allora l'ufficiale americano in comando: era essenziale evacuare quel materiale, disse, prima che arrivassero i sovietici a prenderne possesso. L'ufficiale rifiutò, disse che aveva istruzioni di lasciare campo libero all'Armata Rossa. Voss replicò che aveva rischiato la vita per arrivare fin lì e che lasciare documenti chiave in mano ai russi andava contro ogni interesse degli Stati Uniti.

Fece osservare che, all'impianto Mittelwerk di Nordhausen, gli americani avevano requisito dati e parti di missili e aerei, in seguito inviati in America. L'operazione era stata chiaramente autorizzata dal governo degli Stati Uniti e il materiale presente alla Skoda era ugualmente prezioso.

In effetti, benché Voss non potesse saperlo, una direttiva emanata dallo stato maggiore congiunto degli Stati Uniti il 24 aprile 1945 aveva dato istruzioni al personale militare di «preservare dalla distruzione e prendere sotto il proprio controllo tutti i registri, i progetti, gli appunti, i documenti, le informazioni e i dati di carattere scientifico, appartenenti a organizzazioni tedesche impegnate in ricerche militari». Le argomentazioni di Voss, dunque, sebbene formulate nell'ignoranza di tale direttiva, erano del tutto sensate.

L'ufficiale statunitense però fu irremovibile. Ribatté che quella settimana una squadra americana era venuta all'impianto e aveva portato via due missili, quindi presumibilmente si erano presi «quel che gli serviva». Voss insistette e propose all'ufficiale di contattare l'intelligence americana, ma di nuovo incontrò un secco rifiuto.

Senza arrendersi, passò la notte alla Skoda e due giorni dopo vide arrivare l'Armata Rossa. Insieme a due ex colleghi tentò allora di portare il camion con i dati top secret fuori dalla fabbrica, ma fu avvistato. Ufficiali russi e americani gli intimarono l'alt: l'ultima occasione di salvare i progetti tedeschi a beneficio dell'occidente era perduta. Tra i materiali figuravano dati relativi ad armi nucleari e progetti di aerei e missili altamente sofisticati.

L'ostruzionismo dell'ufficiale americano era dovuto a un'incapacità di comprendere il valore di quelle innovazioni o l'uomo stava eseguendo un ordine di Washington? E se un ordine non c'era stato, era quello un semplice caso di cocciutaggine del singolo o una precisa volontà di non coinvolgere l'intelligence degli Stati Uniti nella questione? Si trattava forse di qualcosa di più sinistro? L'ufficiale era un simpatizzante dei comunisti?

Potremmo non conoscere mai le risposte a questi interrogativi. L'ostruzionismo attuato dei cechi è comprensibile, ma l'atteggiamento americano è assai più difficile da capire. Qualunque cosa abbia condotto alla fatale decisione dell'ufficiale, le sue ripercussioni furono tragiche e durature.

L'ENIGMA DI RUDOLF HESS 7

Per un certo periodo Rudolf Hess fu uno degli uomini più potenti e influenti dell'intera Germania. Aveva combattuto nella Grande Guerra, prima come soldato, poi passando all'aviazione e diventando un abile pilota. Dopo la sconfitta tedesca nel primo conflitto era entrato in più di un gruppo di contestatori della Repubblica di Weimar e nel 1920, dopo avere assistito a un discorso di Hitler, prese a gravitare nell'orbita del Partito Nazionalsocialista. Si convinse che Hitler fosse il salvatore della Germania.

Tra i primi membri del partito nazista, partecipò al fallito tentativo di putsch a Monaco nel 1923 e fu imprigionato a Landsberg insieme a Hitler. Durante la prigionia Hess, che doveva in gran parte la sua ispirazione al pensatore *völkisch* Karl Haushofer, collaborò con Hitler e con il suo mentore alla stesura del *Mein Kampf*.

Fu caparbiamente fedele a Hitler e nel 1934 disse: «Un solo uomo rimane al di sopra di ogni critica ed è il Führer». Era timido, riservato e trovava difficile parlare in pubblico, ma Wilhelm Bohle, presidente di un'organizzazione che rappresentava i tedeschi all'estero, lo definì «il più grande idealista che abbiamo avuto in Germania».

A differenza dei più spregiudicati Göring, Goebbels, Bormann, Heydrich e di Himmler, con i suoi atteggiamenti spesso contraddittori, Hess fu «un vero credente». Il problema era la sua ingenuità: non solo si beveva la mitologia razziale nazista, ma anche un cocktail di idee di stampo esoterico. Benché ufficialmente fosse ancora tra gli uomini più potenti della nazione, in breve tempo fu marginalizzato e smise di contare davvero. Di certo aveva una visione meno realistica rispetto agli altri gerarchi nazisti.

A dispetto di tali lacune caratteriali, Hitler ne aveva fatto il suo vice ed egli rimase per anni un caro amico personale del Führer; il suo atteggiamento tuttavia cominciò a cambiare nel 1938, quando i pogrom della «Notte dei cristalli» – che portarono a brutali atti di violenza contro gli ebrei in Germania – lo lasciarono profondamente sconvolto. Con la crescente influenza di uomini come Goebbels, Bormann e Himmler, l'idealista Hess

Rudolf Hess siede accanto a Hitler al Congresso Nazionale dei Lavoratori, a Berlino, 1935 circa.

perse autorevolezza e divenne sempre più irrilevante. Compariva nelle cerimonie ufficiali, ma era scarsamente coinvolto negli affari del paese.

Nel 1936 aveva incontrato il duca di Hamilton alle Olimpiadi di Berlino. Hess parlava correntemente inglese e gli era parso di avere instaurato un rapporto di amicizia con l'aristocratico. Hamilton, come molti nobili britannici dell'epoca, aveva certo qualche simpatia filotedesca, ma la convinzione di Hess che egli potesse diventare un utile intermediario con il governo britannico era ovviamente errata. L'antica appartenenza di Hamilton alla Società per l'amicizia anglo-tedesca non avrebbe contato nulla agli occhi del nobiluomo nel momento in cui i due paesi si fossero ritrovati in guerra tra loro.

La sua nomina, nel 1940, a Lord Steward of the Royal Household suscitò l'interesse di Hess. Da tedesco la cui esperienza della monarchia era stata l'autocratico dominio del Kaiser, non capiva che Giorgio VI era un monarca costituzionale, privo del potere di dirigere la politica governativa: se anche Hamilton avesse proposto un compromesso di pace al re, questi non avrebbe avuto facoltà di dare applicazione al consiglio.

IL VOLO IN GRAN BRETAGNA

Nel 1940 Hess cominciò a pianificare la sua missione in Gran Bretagna. Chiese al figlio di Haushofer, Albrecht, di scrivere al duca di Hamilton per proporgli un incontro con lui in Portogallo o in Svizzera. Il duca non ricevette mai la lettera, ma l'MI5 la intercettò e cominciò subito a indagare su Hamilton per verificarne l'eventuale slealtà.

Frattanto Hess stava già programmando un piano B, qualora avesse dovuto, nel peggiore dei casi, incontrare il duca in Scozia.

Aveva imparato a pilotare un cacciabombardiere Messerschmitt Bf 110 e lo fece adattare a voli di lunga percorrenza.

Il 10 maggio 1941 raggiunse il campo di aviazione della Messerschmitt di Augusta, dove annunciò l'intenzione di volare in Norvegia. Prima di salire a bordo, consegnò a un accompagnatore quattro lettere: una era indirizzata a Hitler, un'altra a sua moglie, la terza a Messerschmitt e la quarta a un amico pilota. Lasciò il campo di aviazione alle 17.45 e, da quel momento, il corso delle sue azioni è fortemente controverso.

Si è osservato che, pur con le modifiche apportate dalla Messerschmitt, gli sarebbe stato impossibile arrivare da Augusta fino in Scozia senza fare rifornimenti. Lui sostenne di aver volato senza soste, ma è davvero difficile da credere. Quand'anche si fossero aggiunti serbatoi di carburante esterni all'aereo, questo avrebbe comunque esaurito il carburante prima di raggiungere la destinazione, ma un successivo esame del relitto ha mostrato che i serbatoi non erano neppure stati annessi, quindi Hess non sarebbe stato in grado di superare neanche metà della distanza senza atterrare.

La conclusione logica è che abbia dovuto fermarsi da qualche parte a fare rifornimento. Aalborg in Danimarca è il punto più probabile, ma anche la Norvegia è una possibilità. Nell'uno e nell'altro caso gli sarebbe servita assistenza e si è ipotizzato che Albrecht Haushofer, fortemente antinazista e coinvolto nella Resistenza tedesca, fosse implicato nella missione, come è pure possibile che vi fosse coinvolto l'antinazista ammiraglio Canaris.

Qualunque sia la verità, il Messerschmitt di Hess finì il carburante sopra il villaggio scozzese di Eaglesham. L'aereo cadde alle 23.09, il pilota si lanciò con il paracadute e fu arrestato poco dopo aver toccato terra. Si identificò come capitano Albert Horn e fu portato alla caserma di Maryhill, a Glasgow, per accertamenti. Mentre lo interrogavano chiese di parlare con il duca di Hamilton.

Il duca, sconcertato, insistette che non conosceva nessun Albert Horn, ma andò comunque alla caserma. Il prigioniero gli ricordò che si erano incontrati alle Olimpiadi e che avevano pranzato insieme. «Non so se mi riconoscete» disse, «ma sono Rudolf Hess.» I due parlarono per un po' ed Hess cercò di persuadere Hamilton a presentare la sua proposta di pace tra i rispettivi paesi. Le sue richieste però caddero nel vuoto e il duca gli chiarì che il governo non avrebbe mai potuto accettare le sue condizioni. Lo lasciò agli arresti e se ne tornò a casa.

LE TEORIE SUL VOLO DI HESS

Oltre al mistero di come fosse riuscito ad arrivare in volo fino in Scozia, altri interrogativi circondano il viaggio di Hess. Si trattava davvero di una missione non autorizzata o era stata intrapresa con il consenso e con l'appoggio di Hitler? Hess era a tal punto disilluso riguardo al nazismo da tentare una defezione in Gran Bretagna? Il pilota che si lanciò nel cielo scozzese era davvero lui o un impostore? L'intera situazione che lo indusse al volo fu in realtà una «trappola» dell'intelligence britannica volta ad attirarlo in Gran Bretagna?

Queste ipotesi sono state oggetto di acceso dibattito e tre in particolare vantano qualche prova a sostegno. L'idea che il pilota fosse un impostore invece è senz'altro da scartare: ne sopravvivono tre varianti principali, ma nessuna è attendibile.

Una vuole che il «vero» Hess fosse stato ucciso dai britannici e sostituito con un doppio, ma bastano i Processi di Norimberga a confutarla. Göring e Speer conoscevano bene Hess e avrebbero colto l'occasione per smascherare un impostore.

Secondo un'altra versione, sarebbe stato Himmler a uccidere il «vero» Hess e a rimpiazzarlo con un sosia, ma non ci sono motivi per cui Himmler avrebbe dovuto farlo e non gli sarebbe certo stato facile trovare un rimpiazzo somigliante che fosse anche un abile pilota. Di nuovo poi i Processi di Norimberga smentiscono ogni possibilità: l'uomo sul banco degli imputati era Rudolf Hess.

La terza variazione su questo poco plausibile tema vuole che Hess non abbia mai lasciato la Germania e che un pilota ne abbia preso il posto a bordo dell'aereo: lui intanto rimaneva nascosto e aveva confezionato un'idonea copertura. A parte il fatto che non si vedrebbe lo scopo di una simile condotta, i Processi di Norimberga dimostrano che il «vero» Hess fu giudicato e condannato.

Una versione leggermente modificata della teoria del «doppio» sostiene che Hess sia stato scambiato con un sosia *dopo* il processo e la condanna a Norimberga. La ragione appare difficile da stabilire. E perché qualcuno avrebbe dovuto prendere il posto di Hess nel carcere di Spandau, mantenendo la finzione per il resto della vita? Hess peraltro, a Spandau si comportava esattamente come il «vero» Hess.

Anche l'idea che Hitler fosse al corrente del volo e lo approvasse è contraria all'evidenza: il Führer ne fu sconcertato e furioso e pensò – forse non a torto – che Hess fosse impazzito. Se qualcuno aveva aiutato Hess nella fallita missione certamente non fu Hitler.

Le altre due teorie – la possibile defezione in Gran Bretagna e la trappola ordita dall'intelligence britannica – sono più plausibili. Hess era rimasto sconvolto dalla violenza delle persecuzioni contro gli ebrei nel 1938 e per il suo idealismo disprezzava i camerati nazisti che approfittavano del potere per arricchirsi. Inoltre poteva essergli giunta voce della pianificata invasione della Russia che, riteneva, avrebbe portato al crollo del nazionalsocialismo. Tutti questi fattori avevano forse svolto un ruolo, insieme alla sua crescente marginalizzazione nella leadership, per indurlo a tentare la defezione.

Di ciò non abbiamo tuttavia prove dirette e se la sua fosse stata una fuga deliberata, la detenzione sul suolo britannico sarebbe stata per un crimine militare. Hess e Speer parlarono spesso, durante i loro anni a Spandau, toccando anche l'argomento del volo in Gran Bretagna. Speer fu rilasciato solo nel 1966 e in tutto quell'arco di tempo Hess non gli confidò mai di essere volato oltremanica con intenti sleali, pertanto nel complesso l'idea sembra da respingere.

Restano solo altre due possibili spiegazioni. Una è la versione «ufficiale», in cui Hess agì da solo con la donchisciottesca convinzione di poter usare la sua presunta influenza su contatti britannici che erano stati simpatizzanti dei nazisti prima della guerra; l'altra è l'idea che sia stato attirato in una trappola nel corso di un'elaborata operazione dei servizi segreti britannici.

HESS FU INGANNATO DALL'INTELLIGENCE BRITANNICA?

Prima di esaminare la questione specifica – se cioè il volo di Hess potesse essere indotto da uno stratagemma dei servizi segreti di Sua Maestà – è necessario soffermarsi sui vari tentativi ufficiosi, britannici e tedeschi, di sondare le possibilità di pace mediante il tramite di Carl Burckhardt, il presidente svizzero della Croce Rossa. Burckhardt aveva chiesto al governo britannico se ci fosse la disponibilità a una pace con la Germania: la risposta era stata che i tedeschi dovevano restituire l'indipendenza ai paesi occupati. Un'altra precondizione essenziale era che Hitler abbandonasse la leadership.

Il 28 aprile 1941 Albrecht Haushofer si recò in Svizzera a incontrare Burckhardt. Nel frattempo, indipendentemente, o forse a conoscenza di Haushofer, anche Himmler contattò Burckhardt e chiese se i britannici fossero disposti a trattare la pace con un governo guidato da lui anziché da Hitler.

Intanto la situazione militare, per la prima volta dall'inizio del conflitto, volgeva a sfavore delle potenze dell'Asse. Mussolini aveva fatto il passo più lungo della gamba in Africa settentrionale e in Grecia; i britannici cominciavano a respingere gli italiani in Africa e i greci costrinsero l'esercito invasore a un'ignominiosa ritirata.

Gli insuccessi italiani fecero infuriare Hitler, ma resero Himmler – che aveva almeno una spia all'interno del gruppo partigiano di Haushofer – più deciso a sondare il terreno con i britannici. Fu la prima di varie occasioni in cui Himmler contemplò la possibilità di un colpo di Stato per rovesciare Hitler. D'altra parte i fallimenti di Mussolini avevano rafforzato la determinazione dei britannici e reso Churchill meno disposto al compromesso.

Malgrado il consenso popolare di cui Churchill godeva nel 1941, c'erano elementi del suo stesso partito che non solo non lo apprezzavano e non si fidavano di lui, ma consideravano Stalin un pericolo maggiore di Hitler. La guerra era giunta a uno stallo, con i tedeschi incapaci di avanzare e i britannici incapaci di scagliare un attacco efficace contro la Germania. In tali circostanze l'idea di una pace che escludesse Hitler attirava molti ed era questo tipo di mentalità che Haushofer ed Hess speravano di allettare. Haushofer almeno era autenticamente antinazista e considerava Burckhardt, della Croce Rossa, un intermediario neutrale e degno di fiducia. Burckhardt era sinceramente sconvolto dall'eventualità che il conflitto fosse esteso alla Russia e, forse, a Stati Uniti e Giappone. Frattanto agenti dell'intelligence britannica interrogarono il duca di Hamilton. Sapevano che, prima della guerra, era stato in termini amichevoli con Haushofer e aveva conosciuto Hess, così l'MI6 gli propose di incontrare Haushofer in Portogallo.

Nell'aprile 1941 Hess, che era del tutto contrario a una guerra su due fronti, incontrò più volte Haushofer, e il 28 aprile Haushofer incontrò Burckhardt.

Con ogni evidenza l'intelligence britannica sapeva – da Haushofer o da Burckhardt – che qualunque messaggio fatto arrivare in Germania per loro tramite avrebbe raggiunto Hess e forse persino Himmler, ma non si può dire con certezza se l'MI6 stesse pianificando una «trappola» deliberata per attirare Hess in Gran Bretagna.

A favore di questa teoria depone il curioso caso del libro *The flying visit*. Questo romanzo umoristico, scritto da Peter Fleming, fratello di Ian, era stato pubblicato nel 1940. Durante la guerra entrambi i fratelli erano stati implicati in operazioni di intelligence, inclusi capolavori di efficacia come l'Operazione Mincemeat.

Il romanzo di Peter immaginava Hitler che atterra in Gran Bretagna e, sulle prime, viene scambiato per un comico che fa la parodia del dittatore nazista. In seguito si scopre la sua vera identità e viene messo agli arresti ma, incerti sul da farsi, i britannici finiscono per restituirlo alla Germania.

Ci sono significative differenze fra la trama del romanzo e la vicenda di Hess. Fleming aveva immaginato che fosse Hitler, non il suo vice, ad atterrare oltremanica e non nel tentativo di prendere contatti con i filonazisti inglesi, mentre Hess tentò certamente di incontrare un uomo che riteneva disposto a collaborare con lui. E naturalmente Hess non fu «restituito» ai tedeschi. È anche difficile credere che Fleming o l'MI6 avrebbero rischiato di lasciar intuire l'esistenza di un complotto volto ad attirare Hess in Gran Bretagna pubblicando il libro.

È fuor di dubbio che Burckhardt e Haushofer furono «usati» dall'intelligence britannica, forse come veicoli di disinformazione e anche per le informazioni che potevano fornire, ma l'idea che Hess sia stato volutamente attirato nel Regno Unito dall'MI6 è più difficile da accettare. Quale sarebbe stato il movente di un simile complotto? Che beneficio avrebbe tratto la Gran Bretagna dal prenderlo prigioniero?

Anche dal punto di vista propagandistico il governo britannico non riuscì a sfruttare efficacemente la cattura di Hess. L'evento fece notizia nell'immediato, ma poi seguì un totale disinteresse dei media. Saputo dell'arresto, la reazione di Churchill fu: «Hess o non Hess, io vado a vedermi i Fratelli Marx»: ciò dimostra la scarsa importanza che attribuiva alla vicenda. Considerato tutto ciò, se l'MI6 può aver tentato di usare Hess in altri modi, è altamente improbabile che sia mai stata nei suoi piani la volontà di attirarlo nel Regno Unito.

Con tutte le sue zone d'ombra e la sua scarsa plausibilità, la spiegazione «ufficiale» del volo di Hess resta la più probabile. Hess, agendo di propria iniziativa, aveva creduto di poter giungere con successo a un trattato di pace con la Gran Bretagna. Certo non si aspettava di essere arrestato al suo arrivo: immaginava di essere trattato come un inviato del governo tedesco e che gli venisse accordata l'immunità diplomatica. Invece fu trattato come un prigioniero di guerra e passò il resto della sua vita in carcere.

Se anche l'MI6 può aver deliberatamente fuorviato Hess tramite Burckhardt e Haushofer, inducendolo a sopravvalutare la forza dell'opposizione britannica alla guerra, fu il solo Hess a prendere la decisione di volare in Gran Bretagna, nel disperato tentativo di ottenere la pace. Nessuna delle teorie complottiste, in definitiva, sembra reggere.

LA MISTERIOSA MORTE

L'ultimo mistero intorno a Rudolf Hess riguarda la sua morte. Secondo la versione ufficiale, l'ex gerarca nazista si sarebbe impiccato nel carcere di Spandau il 17 agosto 1987, all'età di novantatré anni. Ormai era quasi incapace di reggersi in piedi o di camminare e riusciva a stento ad allacciarsi le scarpe. L'idea che un uomo così fragile possa essersi tolto la vita da solo è difficile, se non impossibile, da credere.

Si afferma che Hess si sia impiccato con una prolunga elettrica nel piccolo padiglione del giardino del carcere. I documenti ufficiali relativi al decesso – la maggior parte dei quali resta riservata – affermano:

> Il cavo utilizzato era nel padiglione già da qualche tempo e, quando non era in uso (per permettere di tenere una lampadina all'altezza desiderata da Hess) veniva annodato alla finestra. Hess non aveva dunque bisogno di staccarlo da altri posti.

Gli istituti di pena cercano abitualmente di impedire ai detenuti l'accesso a materiali che potrebbero usare per procurarsi lesioni o togliersi la vita. Hess era in carcere da più di quarant'anni e aveva compiuto altri tentativi di suicidio. Una prolunga è giustappunto adatta a tale scopo eppure fu lasciata nel padiglione mentre il detenuto non era sorvegliato: questa è a dir poco una negligenza criminale. Né è credibile la fotografia del cavo, che sembra più un accessorio nautico, concepito per sostenere pesi notevoli, non certo il tipo di filo che ci si aspetterebbe di trovare in una prigione.

Poco prima della morte di Hess, la sua tenuta da aviatore e altri effetti personali erano stati rubati dal carcere, a riprova della sconcertante inefficacia delle misure di sicurezza di Spandau. Nel 1986 c'era stata persino un'esplosione, che aveva distrutto un edificio annesso.

Dei verbali della riunione tenuta dalle autorità della prigione è stata emessa una trascrizione solo parziale: l'indagine svolta sulla morte di Hess resta coperta da segreto e il referto dell'autopsia è stato divulgato soltanto nel 2017. Cita brevemente – senza spiegazioni – un misterioso livido trovato sul cranio del defunto.

Non si è compiuto alcun tentativo di indagare su possibili legami tra il furto dei suoi effetti e il suo decesso, poco tempo dopo; non sono state nemmeno rilevate le impronte digitali nel padiglione. Quest'ultimo poi, secondo il direttore britannico della prigione, è stato «abbattuto e distrutto» e si è affermato che anche il cavo è stato distrutto insieme all'edificio. Tutte queste azioni fortemente sospette sono avvenute entro quarantott'ore dalla morte di Hess.

C'è una fortissima probabilità che il detenuto sia stato ucciso, ma resta la domanda: perché? Quale minaccia rappresentava un uomo di novantatré anni? Chi avrebbe tratto vantaggio dalla sua morte?

Malgrado l'evidenza di un tentativo di insabbiamento da parte delle autorità britanniche e americane a Spandau, è difficile immaginare il motivo per cui si sia voluto eliminare il gerarca. Potrebbe essere accaduto che una delle guardie carcerarie, magari a seguito del primo furto di effetti personali, pretendesse altri «memorabilia» dall'anziano detenuto. Forse Hess si è rifiutato, è stato ucciso e l'assassino ha poi contraffatto la scena del crimine per far pensare a un suicidio. Le autorità potrebbero in seguito aver retto il gioco perché non trapelasse un evidente caso di incompetenza e corruzione.

La vera storia di Rudolf Hess - nella vita e nella morte - non sarà forse mai chiarita, ma resta uno dei misteri più insoliti e affascinanti della storia del nazismo.

MISTERI DEL MARE 8

SOTTOMARINI MISTERIOSI

Quando il governo tedesco si arrese agli Alleati ordinò a tutte le forze in campo di deporre le armi e consegnarsi al nemico. Tre U-boot, tuttavia, rifiutarono di obbedire agli ordini. Il capitano dell'*U-1277* autoaffondò la nave al largo della costa portoghese il 9 giugno 1945 e il governo portoghese pose l'intero equipaggio agli arresti; l'*U-530* attraversò l'Atlantico, prima di arrendersi alle autorità argentine a Mar del Plata il 10 luglio 1945; l'*U-977* raggiunse lo stesso porto il 17 agosto, quindi si arrese anch'esso agli argentini.

Perché i due U-boot fuggitivi rifiutarono di capitolare di fronte agli Alleati? Che cosa li indusse a scegliere lo stesso porto dello stesso paese? Perché passò un mese tra la resa del primo e quella del secondo?

Da anni si specula sulle azioni e sulle motivazioni dei due equipaggi. La teoria secondo cui portavano Hitler, Bormann e altri gerarchi nazisti al sicuro in esilio ha sempre goduto di una certa popolarità; altri credono invece che i sottomarini trasportassero tesori, reliquie e documenti segreti dei nazisti.

Dov'era stato l'*U-530*?

Al comando del sottomarino c'era il primo luogotenente Otto Wermuth. Egli decise di non arrendersi agli Alleati e si diresse invece verso un paese neutrale, l'Argentina, salvo poi doversi consegnare alla marina argentina il 10 luglio 1945.

Ci sono vari aspetti curiosi e tuttora privi di spiegazione nella condotta dell'equipaggio. Innanzitutto Wermuth buttò in mare il cannone da ponte, poi il giornale di bordo scomparve e l'equipaggio risultò privo di qualunque documento d'identificazione. Ancora più sconcertante fu la durata del tragitto dell'U-boot: impiegò un mese più del necessario ad arrivare in Argentina.

Il ritardo ha indotto a formulare tutta una serie di teorie, la più popolare e persistente delle quali è l'idea che il sottomarino sia servito per traghettare Hitler e altri capi nazisti in una località segreta. Si è pensato alle più diverse personalità e destinazioni.

Due ammiragli brasiliani hanno proposto due diverse teorie. L'ammiraglio Jorge Dodsworth Martins ha sostenuto che l'*U-530* avesse affondato l'incrociatore *Bahia* mentre l'ammiraglio Dudal Teixeira era convinto che il sommergibile fosse arrivato in Argentina dopo aver fatto tappa in Giappone.

La prima tesi fu rapidamente confutata: un'inchiesta sull'affondamento del *Bahia* chiarì che la causa era stata un incidente d'artiglieria.

Il Ministero della marina argentino arrivò persino a emanare un comunicato ufficiale che non solo sollevava il sottomarino da ogni responsabilità nell'affondamento del *Bahia*, ma aggiungeva che nessun capo nazista o militare d'alto grado era presente sull'U-boot. La dichiarazione proseguiva dicendo che nessuno era sbarcato in territorio argentino prima che l'*U-530* si arrendesse.

Le teorie complottiste su una fuga di Hitler in America meridionale a bordo dell'U-boot cominciarono a girare fin dal luglio 1945. Il giornalista ungherese Ladislao Szabo era emigrato in Argentina e quel mese pubblicò un articolo sul giornale «Critica», sostenendo che Hitler era scappato dalla Germania con un sottomarino. Dopo essere sbarcato in Argentina era riuscito ad arrivare in Patagonia e infine in una «roccaforte» segreta nazista nella regione della Nuova Svevia, in Antartide. Questa teoria guadagnò credibilità con l'arrivo dell'*U-530* in Argentina.

Szabo pubblicò un libro nel 1947, *Hitler esta vivo* («Hitler è vivo»), in cui diede origine sia alle teorie della fuga sull'U-boot,

Membri dell'equipaggio del sottomarino *U-530* in un centro di detenzione vicino a Miami nel 1945; l'uomo sulla destra è il comandante, il primo luogotenente Otto Wermuth.

sia all'idea di una roccaforte nazista nell'Antartide. Nel 2006 ha prodotto un secondo libro, *Hitler no murió en el búnker* («Hitler non è morto nel bunker»).

L'unica verità è che l'*U-530* rimase in mare un mese più del necessario per portare a termine il tragitto. Non ci sono motivi evidenti per il tempo trascorso navigando, né per la distruzione dei documenti d'identità, del giornale di bordo e del cannone. Certo è possibile immaginare che il comandante avesse buttato a mare il cannone in caso di avvicinamento di imbarcazioni nemiche, ma non c'è una spiegazione logica che dia conto della distruzione dei documenti e del giornale di bordo.

Non si saprà mai se il sommergibile trasportava tesori nazisti o gerarchi in fuga e le azioni del comandante restano inesplicabili, a meno che non avesse qualcosa da nascondere. Qualunque possa essere stato il suo segreto, Wermuth se lo è portato nella tomba.

Il «record in immersione» dell'*U-977*

Un caso altrettanto sconcertante è quello dell'ultimo viaggio dell'*U-977*. Era stato costruito ad Amburgo nel 1943 e usato come sottomarino da addestramento per gli equipaggi del Mar Baltico fino al febbraio 1945. Poi era stato trasferito a Kristiansand, in Norvegia, e il 2 maggio era partito alla volta della Manica per la sua prima missione di combattimento.

Due giorni dopo ricevette l'ordine di evitare lo scontro con il nemico e il 9 maggio gli fu ufficialmente ordinato di arrendersi agli Alleati. Il primo luogotenente Heinz Schäffer era al comando e discusse degli ordini con l'equipaggio. Gran parte dei quarantotto membri rifiutò di arrendersi e appoggiò l'idea di raggiungere l'Argentina. Sedici di essi preferirono invece andare incontro al loro destino e si fecero sbarcare al largo della costa norvegese nelle vicinanze dell'isola di Holsnøy, vicino a Bergen, il 10 maggio 1945. Sbarcarono su scialuppe di salvataggio e si arresero alle autorità norvegesi.

Gli altri attraversarono l'Atlantico giungendo a Mar del Plata, sulla costa argentina. Là si arresero alle autorità locali il 17 agosto 1945.

Dapprima Schäffer e il suo equipaggio furono imprigionati sul posto, poi vennero consegnati agli americani. Lo stesso era avvenuto con l'equipaggio dell'*U-530*. Divennero prigionieri di guerra, poi furono trasferiti in Gran Bretagna e infine rilasciati e restituiti alla Germania nel 1946.

Schäffer venne più volte interrogato sulle circostanze della traversata e soprattutto sul perché avesse impiegato tanto tempo ad andare dalla Norvegia all'Argentina. Sostenne che il sottomarino era rimasto sessantasei giorni in immersione durante il viaggio attraverso l'Atlantico. Si era fermato alle isole di Capo Verde il 14 luglio per una breve sosta e poi aveva continuato il tragitto, oltrepassando l'Equatore il 23 luglio 1945. Ci sono incongruenze sia nelle dichiarazioni di Schäffer, sia nei vari resoconti dell'interrogatorio che fecero le diverse autorità inquirenti. In alcune versioni si dice che l'U-boot trascorse in mare solo novantanove giorni; altre registrano un tempo di centootto giorni.

Il rapporto della marina degli Stati Uniti non fa alcuna menzione del periodo di sessantasei giorni sott'acqua: è povero di dettagli e la sua attendibilità è stata messa in discussione, soprattutto per i possibili errori di traduzione nel riportare la testimonianza di qualche membro dell'equipaggio.

Il racconto dei marinai sembra confermare l'idea che avessero trascorso sessantasei giorni in immersione. Concordano anche sul fatto che il sottomarino abbia compiuto una breve sosta a Capo Verde, prima di essere costretto a continuare il viaggio con un solo motore funzionante.

Come nel caso dell'*U-530*, l'arrivo ritardato in Argentina alimentò le teorie complottiste di Szabo e dei suoi emuli. L'idea che uno o entrambi i sottomarini - o persino un'intera flotta di U-boot - avessero trasportato Hitler, Eva Braun, Bormann e altri leader nazisti divenne assai popolare, come pure la convinzione che avessero traghettato oltreoceano tesori trafugati o documenti segreti.

A differenza di Wermuth, Schäffer non aveva gettato armi in mare, distrutto il giornale di bordo o fatto sparire i documenti d'identità dell'equipaggio. Le prove disponibili - ancorché scarse e talvolta contraddittorie - inducono a ritenere che stesse dicendo la verità riguardo al lungo tratto di mare coperto in immersione.

Nel caso di Schäffer sembra che il viaggio «misterioso» sia stato semplicemente una notevole impresa nautica, più che celare qualche finalità segreta. Il comportamento di Wermuth invece è più difficile da spiegare e la distruzione deliberata di materiale probatorio fondamentale fa pensare che avesse qualcosa da nascondere.

Il 25 settembre 1946 l'agenzia France-Presse dichiarò: «Le continue voci in merito a un'attività di U-boot tedeschi nell'area della Terra del Fuoco, tra l'estremo sud dell'America meridionale e il continente antartico si fondano su fatti realmente accaduti».

Il giornale francese «France Soir» descrisse un curioso incontro ravvicinato con un U-boot tedesco quasi due anni dopo la fine della guerra:

> A quasi un anno e mezzo dalla cessazione delle ostilità in Europa, la baleniera islandese *Juliana* si è vista sbarrare il passo

> da un grande U-boot tedesco. La *Juliana* si trovava nella regione dell'Antartide, intorno alle Isole Malvine [le Falkland], quando un sommergibile è emerso e ha issato la bandiera ufficiale tedesca a lutto: rossa con profilo nero. Il comandante del sottomarino ha inviato una squadra, che si è avvicinata alla *Juliana* a bordo di un gommone e, una volta a bordo, ha chiesto al capitano Hekla parte delle sue riserve di cibo fresco. La richiesta è stata formulata con il tono perentorio di un ordine cui sarebbe stato imprudente opporre resistenza.

L'ufficiale tedesco parlava in inglese e pagò i rifornimenti in dollari. Segnalò persino alla baleniera la posizione di un banco di balene e il capitano, in seguito, le localizzò effettivamente dove indicato.

Questo aneddoto è divenuto una leggenda metropolitana grazie a Internet, ma non è autentico: le baleniere islandesi non hanno mai operato nella regione antartica e in Islanda non c'è mai stata una baleniera di nome *Juliana*. Anche il presunto nome del capitano desta sospetti, visto che corrisponde a quello di un vulcano islandese. L'articolo di «France Soir» era probabilmente un esercizio di giornalismo creativo o forse il giornale aveva preso per vera una bufala.

L'AFFONDAMENTO DEL *NORMANDIE*

Un altro mistero nautico circonda la distruzione del transatlantico francese *Normandie*. Il lussuoso colosso era tra le più prestigiose navi passeggeri del suo tempo. Allo scoppio della guerra nel 1939 si trovava vicino a New York e il capitano decise di metterlo in porto e lasciarlo al sicuro negli Stati Uniti.

Con la caduta della Francia le sorti della nave si arenarono.

Il governo di Vichy avrebbe forse auspicato il suo ritorno in patria, ma l'equipaggio preferì prolungare l'esilio americano: i proprietari pagavano 1000 dollari al giorno di ormeggio, mentre il transatlantico restava fermo in porto.

Quasi tutti i marinai furono liquidati dalla compagnia, lasciando solo un equipaggio ridotto all'osso. Il 15 maggio 1941 il Dipartimento del tesoro degli Stati Uniti ordinò a 150 uomini della guardia costiera di unirsi al personale della nave per «garantire la sicurezza del *Normandie* e proteggerlo da tentativi di sabotaggio». Il transatlantico rimase in quella sorta di limbo fino al dicembre del 1941, mese in cui gli Stati Uniti entrarono in guerra. Il giorno dopo la Dichiarazione delle ostilità vide un brusco cambiamento nei rapporti con il *Normandie*: la guardia costiera prese possesso del transatlantico e fu deciso di riconvertirlo in nave da trasporto truppe, prospettiva che i nazisti avevano paventato nei precedenti due anni. L'ammiraglio Wilhelm Canaris stimò che la nave poteva trasportare circa diecimila soldati statunitensi in Europa con una sola traversata dell'Atlantico.

New York era piena di spie e di simpatizzanti del nazismo, molti dei quali operavano nella zona portuale. Una delle più importanti spie naziste era Waldemar Othmer, che aveva lasciato la Germania nel 1919 per essere naturalizzato americano. Lavorava all'Arsenale di Brooklyn ed era perciò nella posizione ideale per trasmettere segreti militari ai tedeschi. Sarebbe stato scoperto solo nel 1944.

Allo scoppio della guerra agenti e simpatizzanti nazisti cominciarono a mandare informazioni in Germania e si commisero anche piccoli atti di sabotaggio. La stazza del *Normandie* rendeva impossibile spostarlo, quindi la sua riconversione al trasporto di truppe avvenne in loco, al Molo 88.

Furono assunte centinaia di operai civili e la marina richiese che la riconversione fosse completata entro il 14 febbraio. L'idea era di finire i lavori e poi portare il transatlantico a Boston: di lì, rinominato *Lafayette* dalla marina americana, si sarebbe diretto in Irlanda del Nord e avrebbe scaricato il primo distaccamento di truppe.

I lavori richiesero però molto più del previsto. Il capitano designato protestò che si ritrovava a operare con la metà degli elementi «necessari per un efficiente funzionamento della nave in mare».

Si moltiplicarono gli appelli al Dipartimento della marina affinché estendesse la scadenza della riconversione: al ministero parvero dapprima comprensivi, poi decretarono che i lavori non si potevano ritardare. Ne seguì una frenetica corsa contro il tempo, con le maestranze che tentavano disperatamente di finire l'allestimento della nave nei tempi stabiliti. Si finì ovviamente per approssimare.

Il futuro capitano della nave si lamentava della qualità dei lavori e dello sforzo cui gli uomini erano sottoposti. Tali proteste indussero a convocare una riunione con alti funzionari del Dipartimento della marina per discutere delle effettive condizioni di efficienza della nave... Riunione che non ebbe mai luogo.

Incidente o sabotaggio?

Ben presto gli eventi resero superflua ogni discussione: alle 14.30 dell'8 febbraio la nave prese fuoco; due uomini stavano lavorando con la fiamma ossidrica e alcune scintille erano cadute su una pila di giubbotti di salvataggio. Gli operai tentarono di spegnere le fiamme, ma a bordo non c'era una squadra antincendio a dar loro man forte. Per i lavori di riconversione gli allarmi erano stati scollegati e l'idrante rimase quasi subito senz'acqua.

Il fuoco divampò incontrollabile e in breve tempo i tre ponti superiori della nave furono avvolti dalle fiamme. Ci volle mezz'ora prima che i vigili del fuoco riuscissero ad accedere al transatlantico. Spruzzarono 27.000 litri d'acqua e dichiararono infine che l'incendio era «sotto controllo».

Purtroppo la nave cominciò a inclinarsi sotto il peso dell'ingente quantità d'acqua. I disperati tentativi di stabilizzarla fallirono e, dodici ore dopo lo scoppio dell'incendio, il transatlantico si capovolse. Il presidente Roosevelt e molti ufficiali della marina sospettarono un sabotaggio da parte di agenti nazisti, ma anni dopo emerse un'altra possibilità.

Il boss mafioso Charles «Lucky» Luciano sostenne, nella sua autobiografia, di aver dato lui l'ordine di incendiare il *Normandie*. Aveva concepito il piano con altri boss della mafia, affinché la marina permettesse alla sua organizzazione di proteggere l'area portuale.

Vanterie prive di fondamento? Certo è che, dopo l'incidente, esponenti dell'intelligence navale e americana si incontrarono con alcuni capimafia. Luciano e gli altri boss erano certamente abbastanza spregiudicati da distruggere una nave in nome dei loro interessi.

Ci fu un'inchiesta ufficiale del Congresso, che attribuì l'incidente a «negligenza», «assenza di adeguata coordinazione» e «inopportuna frettolosità». Si diede perciò la colpa all'incompetenza, più che a un sabotaggio, dei nazisti o della mafia che fosse.

Nelle fasi iniziali della guerra non mancavano certamente le occasioni per attività di spionaggio e sabotaggio. Gli uomini di

Luciano poi controllavano i *docks* e avrebbero potuto facilmente appiccare il fuoco a bordo del *Normandie*. D'altra parte i caotici tentativi di accelerare i lavori di riconversione del transatlantico in nave da guerra comportarono un'inevitabile trascuratezza (e quest'ultima spiegazione è anche suffragata dalla testimonianza dei due uomini la cui fiamma ossidrica fu all'origine dell'incendio).

L'affondamento del *Normandie* poté dunque essere il frutto di un tragico incidente o di un sabotaggio deliberato da parte dei nazisti o della mafia. Probabilmente non sapremo mai la verità sulle cause della sua distruzione.

CHI AFFONDÒ IL *TANG*?

L'*USS Tang* era una delle star della guerra del Pacifico. Nelle sue prime quattro missioni, il sottomarino aveva affondato trentuno navi giapponesi. La quinta e ultima ebbe luogo il 24

Il sottomarino della marina degli Stati Uniti *USS Tang*.

ottobre 1944: obiettivo, un convoglio giapponese nello Stretto di Formosa.

Il comandante Richard O'Kane confidava in un nuovo successo. Seguì il nemico per tutta la notte e quando arrivò il mattino emerse, pronto ad attaccare.

Il sottomarino tuttavia fu individuato dal convoglio giapponese, che lo attaccò per primo. O'Kane portò la sua imbarcazione a 900 metri dalle navi nemiche, quindi sparò sei siluri, mandandoli a segno ogni volta. Tre cacciatorpediniere giapponesi avanzarono verso il *Tang*, ma O'Kane sparò altri tre siluri mentre si avvicinavano: tutti e tre colpirono il bersaglio e, nel caos che seguì, il sottomarino riuscì a fuggire.

Gli rimanevano soltanto due siluri. O'Kane decise di usarli per distruggere le navi da trasporto che aveva già danneggiato in precedenza. Vennero sganciati entrambi; il primo colpì il bersaglio, ma il secondo ebbe un comportamento anomalo: anziché raggiungere l'obiettivo, si diresse verso il *Tang*.

All'inizio O'Kane pensò che un sottomarino giapponese gli avesse sparato contro e ordinò all'equipaggio di correre ai ripari, uscendo dalla rotta del siluro. Con sua grande sorpresa però il siluro non viaggiava in linea retta: girava intorno al *Tang* descrivendo cerchi concentrici sempre più piccoli. Non avevano modo di sfuggirgli e sarebbero affondati. Tentarono disperatamente di spostare il sottomarino fuori da quella spirale di morte, ma ogni sforzo fu vano. Come scrisse O'Kane nelle sue memorie, trent'anni dopo:

> Ci colpì all'altezza della sala siluri di poppa, vicino alla paratia della sala manovre. La detonazione fu devastante, con la poppa che andava giù prima ancora che gli uomini di guardia in superficie facessero in tempo a riprendersi. Il nostro sotto-

marino affondò in pochi secondi. Il mare entrava da poppa, travolgendoci sul ponte.

I membri dell'equipaggio che si trovavano nei comparti di poppa morirono quasi all'istante. Molti dei superstiti credettero di aver preso una mina. In nove, tra cui O'Kane, furono scaraventati in mare dalla forza d'urto. Nessuno aveva fatto in tempo a indossare un giubbotto di salvataggio e solo quattro dei nove finiti fuoribordo sopravvissero.

Trenta uomini rimasero intrappolati nel sottomarino, con il portello della torretta sbarrato. I giapponesi cominciarono a sganciare bombe di profondità, ma nessuna era abbastanza vicina da riuscire a danneggiare il sottomarino ormai spacciato.

Ebbe quindi inizio un pericoloso e spasmodico tentativo di fuga. Un gommone gonfiabile venne fatto passare attraverso la garitta di salvataggio e, uno dopo l'altro, gli uomini lo seguirono. Non tutti furono in grado di uscire e, tra quanti ci riuscirono, molti perirono in acqua. Su un totale di ottantasette uomini, solo quindici si salvarono.

Il loro calvario però non era finito. Furono raccolti da un cacciatorpediniere giapponese, ma non appena i giapponesi si resero conto dell'identità dei naufraghi li picchiarono selvaggiamente. Furono condotti a Taiwan e rinchiusi in un campo di prigionia. Due giorni dopo li misero su un'altra nave e li mandarono in Giappone. Rimasero nel nuovo campo di prigionia fino al 29 agosto 1945: ormai restavano in vita solo nove dei quindici superstiti.

La marina americana si interrogò sulle cause dell'affondamento, visto che non pareva esserci una diretta responsabilità del nemico. Per O'Kane si era trattato di un malfunzionamento del siluro sparato e questa rimane la spiegazione più probabile dell'accaduto.

LA TRAGEDIA DELLA *CAP ARCONA*

Nel maggio 1945 la guerra in Europa era quasi finita. Hitler era morto e il suo successore, l'ammiraglio Karl Dönitz, si preparava ad arrendersi. I combattimenti però avvenivano ancora e gli incessanti bombardamenti alleati proseguivano.

Nell'ultima fase del conflitto europeo ebbe luogo una smisurata tragedia umana: un'apparente azione militare contro navi da guerra tedesche si trasformò in un massacro di civili innocenti.

Giovedì 3 maggio il cielo era fosco e nuvoloso. Il tempo comprometteva la visibilità ma nel pomeriggio si aprì, rivelando una squadriglia di cacciabombardieri Hawker Typhoon della RAF che si preparava ad attaccare imbarcazioni tedesche nella baia di Lubecca. Gli aerei da ricognizione avevano già identificato diverse navi ormeggiate in porto e quattro Typhoon diedero il via all'attacco.

Il loro primo obiettivo fu la nave passeggeri *Deutschland*, che si stava all'epoca riconvertendo in nave ospedale. Aveva un equipaggio di otto marinai e uno staff medico di ventisei elementi. Furono sganciate quattro bombe, tre delle quali esplosero, ma il personale medico riuscì a fuggire.

Il secondo attacco si svolse tre ore dopo. Nove Typhoon aggredirono altre due navi: la *Thielbeck* e la *Cap Arcona*. Quaranta razzi incendiari colpirono la *Cap Arcona* e trenta l'altra nave, più piccola: entrambe affondarono con grave perdita di vite umane.

Il giorno dopo le truppe britanniche entrarono a Lubecca e solo allora compresero la verità: non erano dei militari tedeschi a esser caduti sotto i loro bombardamenti, ma migliaia di prigionieri dei campi di concentramento. Sulla *Cap Arcona* ce n'erano circa 4500, oltre a 500 SS. Uno dei 350 prigionieri sopravvissuti alla strage ha così descritto gli eventi:

> La mattina del 3 maggio ci fu una tremenda esplosione. Chiunque fosse in grado di muoversi fu preso dal panico e tentò di arrivare all'unica uscita. Sentimmo che la nave cominciava a spostarsi con rapidità, poi si arrestò. Nessuno parlò per un'ora.

Più di 4000 prigionieri morirono sulla *Cap Arcona*, mentre gran parte delle SS riuscì a salvarsi a nuoto. Sulla *Thielbeck* sopravvissero solo 50 persone su 2750. Nessuno dei prigionieri sulle chiatte vicine restò in vita.

Una terza nave, l'*Athen*, era carica di riserve di riso, farina, pasta e zucchero. Curiosamente la quantità di cibo trasportata superava di gran lunga il fabbisogno di tutte e tre le imbarcazioni. A che cosa doveva servire? È possibile che le SS progettassero di tenere in vita i prigionieri e usarli come moneta di scambio?

Negli anni Ottanta cominciarono ad apparire sui media della Germania Ovest alcune teorie complottiste sull'affondamento della *Cap Arcona*: secondo una teoria i servizi segreti britannici sapevano della presenza di prigionieri sulle navi, ma non riuscirono ad avvertire in tempo la RAF; secondo un'altra anche la RAF sapeva, ma attaccò ugualmente per addestrare al combattimento alcuni piloti inesperti; secondo una terza i nazisti avevano sperato che la RAF affondasse le navi per evitare alle SS di eliminare tutti i prigionieri.

Nessuna di queste teorie è anche solo lontanamente plausibile. La RAF aveva ordine preciso di non bombardare le navi con il simbolo della Croce Rossa, ma qualunque altra imbarcazione costituiva un bersaglio autorizzato. Anche la reazione degli Alleati, entrando a Lubecca, dimostra l'orrore che provarono nello scoprire di aver bombardato e ucciso vittime innocenti.

Resta poco chiaro perché l'*Athen* portasse viveri in quantità tanto elevata. L'affondamento della *Cap Arcona*, invece, fu una tragedia che forse non si può ragionevolmente ascrivere a una responsabilità consapevole della RAF.

MISTERI DELL'ARIA

9

I TEDESCHI SORVOLARONO NEW YORK E IL MICHIGAN?

Correva voce che il 27 agosto 1943 uno Junkers Ju-390 avesse lasciato la Norvegia e fosse volato fino in America settentrionale in missione ricognitiva. Il copilota si diceva fosse Anna Kreisling, soprannominata la «Lupa bianca della Luftwaffe» per i capelli biondi e i penetranti occhi azzurri. Nove ore dopo il decollo, stando ai resoconti, l'aereo sorvolava il Canada: scattò foto di alcune aree industriali nel Michigan, poi prese la via del ritorno passando sopra New York. A quel punto la USAF ne rilevò la presenza e partì all'inseguimento, ma il velivolo tedesco scomparve sull'Atlantico prima di tornare a Parigi e atterrare in un campo di aviazione vicino.

Della Kreisling si diceva che fosse una pilota collaudatrice e che avesse guidato trimotori Junkers Ju-52, l'aliante Horten V-9 e lo Ju-390. Si favoleggiava inoltre che avesse volato su Stalingrado in missioni di combattimento e che, colpita un giorno dal fuoco russo, fosse riuscita ad atterrare sana e salva con un motore solo.

Il presunto volo «americano» dei tedeschi è stato definito da più parti una leggenda metropolitana, adducendo argomentazioni contrarie alla fattibilità dell'impresa.

Anna Kreisling è veramente esistita?

Una delle principali obiezioni alla veridicità dell'aneddoto riguarda il fatto che si indichi Anna Kreisling come pilota. Diversamente che in Unione Sovietica, nella Germania nazista le donne non erano autorizzate a volare in combattimento. Se la Kreisling avesse davvero combattuto contro l'aviazione russa, sarebbe stata salutata come un'eroina e avrebbe ottenuto fama internazionale, mentre non risulta neppure documentato che fosse in aviazione. C'erano due donne collaudatrici durante il periodo nazista: Hanna Reitsch e Melitta von Stauffenberg. Nel marzo 1945 Hitler emanò un ordine che consentiva alla Reitsch di creare una squadriglia di caccia pilotati da sole donne, ma dieci giorni dopo lo revocò, con grande delusione di lei. Da ciò appare chiaro che le donne tedesche non volarono mai in combattimento durante il conflitto, dunque l'aneddoto della Kreisling in guerra contro i sovietici è semplicemente falso. La mancanza poi di qualunque prova documentata di una sua carriera anche solo come collaudatrice rende l'intera storia praticamente impossibile da credere.

Le ulteriori obiezioni alla plausibilità dell'episodio fanno riferimento alle capacità tecniche dello Ju-390. Si sostiene che non avrebbe mai potuto completare un tragitto di 29.000 chilometri senza fare rifornimento: sarebbe forse potuto arrivare fino a Terranova, ma non oltre.

Ancora, si contesta il fatto che esista più di una versione della storia: in una l'aereo decolla il 27 agosto 1943 e vola dalla Norvegia al Michigan e a New York; in un'altra l'impresa si compie nel gennaio 1944, il velivolo decolla da Mont-de-Marsan, vicino a Bordeaux, in Francia, e arriva soltanto a New York, senza effettuare le riprese fotografiche agli impianti del Michigan.

Un'altra obiezione è che, riguardo alla figura della Kreisling, esiste un'unica fonte: lo scrittore Jim Newsom. Ciò è forse vero per quanto riguarda il presunto ruolo di Anna, ma non fu Newsom a inventarsi l'idea del volo transatlantico.

Resoconti di pubblico dominio

Il primo resoconto pubblico della trasvolata tedesca apparve sulla «RAF Flying Review» del novembre 1955. Nell'articolo si sosteneva che due Ju-390 erano volati negli Stati Uniti e rimasti in quota sopra New York per circa un'ora. Poi nel marzo 1956 un ufficiale della RAF scrisse alla rivista con una testimonianza che confermava la veridicità dell'episodio: nel giugno 1944 alcuni prigionieri di guerra tedeschi avevano dichiarato all'intelligence britannica che uno Ju-390 era arrivato in ricognizione a nord di New York. Anche in due verbali dell'agosto 1944 si dichiarava che, secondo prigionieri di guerra, gli Ju-390 avevano fotografato la costa di Long Island.

Un'altra fonte dell'aneddoto è un articolo apparso su «Air Progress» del novembre/dicembre 1965, in cui si riporta che uno Ju-390 aveva sorvolato il Michigan e New York.

Lo scrittore dell'aviazione ed ex direttore della «RAF Flying Review» William Green ripeté la storia del volo transatlantico nei suoi libri *Warplanes of the Second World War* e *Warplanes of the Third Reich*.

Standо infine a un verbale datato 1945 della Nona Forza aerea degli Stati Uniti, un tecnico fotografico tedesco preso prigioniero sosteneva che uno Ju-390 fosse arrivato da Mont-de-Marsan a circa 19 chilometri da New York e avesse fotografato lo skyline della città. Un altro ufficiale della Luftwaffe aveva confermato la storia, aggiungendo che lo Ju-390 era in grado di volare per trentadue ore senza fare rifornimenti.

L'impresa era possibile?

La storia dello Ju-390 non è del tutto chiara. Gran parte degli storici dell'aviazione ritiene che il primo test di collaudo del velivolo sia avvenuto nell'agosto 1943 o nell'ottobre dello stesso anno. Entrambe le date tuttavia rendono assai improbabile la missione attribuita alla Kreisling.

Un'altra data indicata per il volo è il gennaio 1944 e questa sarebbe forse più plausibile delle altre due.

Si è detto che l'apparecchio non avrebbe mai potuto compiere l'intero viaggio fino in America, in quanto tale viaggio sarebbe stato superiore alle capacità del suo serbatoio. Questa obiezione però non regge, in quanto il velivolo era in grado di compiere anche il doppio della distanza senza rifornimenti.

Ancora, è controverso il numero di Ju-390 che furono costruiti. Gli esperti tendono a concordare che ne siano stati realizzati solo due, ma secondo Newsom la Kreisling sosteneva che ce ne fossero ben undici. Lo storico dell'aviazione Manfred Griehl ha scoperto da archivi tedeschi che al giugno 1944 erano stati costruiti sette apparecchi e al maggio 1944 la Luftwaffe ne aveva commissionati centoundici.

Negli anni Settanta Albert Speer disse allo scrittore James P. O'Donnell che nel 1944 uno Ju-390 era arrivato in volo fino in Giappone; se fosse vero, la distanza coperta dall'aereo sarebbe simile a quella dell'ipotetico volo a New York e ciò confermerebbe che una ricognizione aerea della East Coast americana era nelle sue possibilità.

se americana in Cina. Sherrill aveva volato piano ed era
ito a sganciare il suo carico esplosivo sulla base giappo-
Durante il raid era rimasto quasi ucciso, ma era riuscito
nare indietro, fin quasi a raggiungere la sua base USAF
tenza, in Cina.
ica differenza significativa tra il testo di Scott e il «mi-
risolto» è il teatro degli eventi, con il pilota che ritorna a
arbor anziché in territorio cinese, forse perché il P-40 del
è descritto come aereo prebellico: il 7 dicembre 1941,
l'attacco a Pearl Harbor, il simbolo sulla fiancata dei
lla bianca con cerchietto rosso all'interno, in un cerchio
no) sarebbe stato infatti considerato d'anteguerra, con
dendo «precedente all'entrata nel conflitto degli Stati
opo l'11 maggio 1942, il cerchietto rosso fu tolto per
nfusioni con il «sol levante» dei giapponesi. Il racconto
ffascinante, ma forse l'unico reale mistero è come mai
ternet e persino qualche autore abbiano trasformato
nte trama fittizia in un fatto storico.

C'ERANO PILOTI RUSSI IN SCOZIA?

la Seconda guerra mondiale un gruppo di piloti
ionò in Scozia tra il 1943 e il 1944. Venivano ad-
otare gli Albemarle, aerei da trasporto militare.
no alla Prima Divisione della flotta aerea civile

era carenza di velivoli da trasporto idonei e, nell'e-
ciò ostacolava il rapido spostamento di truppe.
1942 Ivan Maisky, l'ambasciatore sovietico nel
noltrò una formale richiesta d'aiuto al governo
esto rispose fornendo ai russi cento bimotori Al-

Ulteriori prove di un volo transatlantico provengono dal relitto di un aereo caduto in mare vicino all'Owl's Head Lighthouse, un faro situato sulla costa del Maine. Il 28 settembre 1944, la guardia costiera statunitense trovò tre corpi in mare e li portò alla stazione di Rockland. Testimoni descrissero il velivolo come un grande apparecchio a sei motori, dipinto di verde scuro e nero. Uno dei corpi indossava l'uniforme del Corpo segnalatori della Luftwaffe, le cui mostrine indicavano il grado di *Hauptmann* (Capitano).

Di lì a poco la zona brulicava di agenti dell'FBI, uomini dell'intelligence militare e altro personale di sicurezza. Dissero ai residenti – alcuni dei quali avevano assistito allo schianto – che si trattava in realtà di un sottomarino tedesco... E più tardi ingiunsero loro di dimenticare la vicenda tout-court.

Anni dopo un subacqueo recuperò la targhetta del costruttore: l'apparecchio era stato chiaramente etichettato in Germania e proveniva dalla fabbrica degli Junkers. Il solo Junkers con la capacità di arrivare fino al Maine nel 1944 era lo Ju-390.

Il volo, insomma, era certamente possibile. Rapporti dei servizi segreti dell'epoca confermano che almeno uno Ju-390 sia volato in America, e il relitto ritrovato al largo della costa del Maine induce fortemente a ritenere che ci siano stati almeno due voli. Se l'aneddoto legato ad Anna Kreisling avesse un minimo fondamento, gli Ju-390 volati negli Stati Uniti durante la guerra diventerebbero tre.

IL CACCIA FANTASMA DI PEARL HARBOR

La storia del «caccia fantasma» circola da anni ed è spesso elencata dal web tra «i più strani misteri irrisolti della Seconda guerra mondiale».

Secondo alcuni resoconti i radar statunitensi rilevarono un apparecchio in volo verso Pearl Harbor dal Giappone l'8 dicembre 1942. Due caccia vennero inviati a intercettare l'intruso e si avvidero che era un modello prebellico P-40, del tipo che era stato usato per difendere Pearl Harbor l'anno prima, ma che da allora non si era più visto in azione. Gli mancava il carrello di atterraggio e recava segni di proiettili. Il pilota giaceva riverso in avanti sui comandi e pareva coperto di sangue. Poi fece loro un cenno con la mano, prima di inclinarsi bruscamente e precipitare. Quando il relitto venne esaminato di lui non c'era traccia, ma si ritrovò un diario da cui risultava che l'aereo aveva stazionato a Mindanao, a oltre 1600 chilometri di distanza.

Che ne era stato del pilota? Come era decollato o atterrato senza un carrello? Come era sopravvissuto, se gli avevano sparato contro un anno prima, e dove era stato per tutto quel tempo? Aveva riparato l'apparecchio quanto bastava per tentare un rientro alla base?

Queste domande sono state poste da chiunque si sia chiesto come fosse stato possibile quell'improbabile viaggio. La teoria più popolare è che il pilota abbia racimolato in qualche modo parti di aerei per ricostruire il suo, disastrato, ma che, sprovvisto di carrello di atterraggio, abbia dovuto improvvisare il volo di ritorno.

L'episodio del «P-40 fantasma» pare davvero un enigma sconcertante. Purtroppo, benché riportato da vari siti Internet, e persino in alcuni libri, non è realmente accaduto.

Il colonnello Robert Lee Scott era stato uno dei migliori «assi» americani nella guerra del Pacifico: la sua autobiografia del 1943, *God is my co-pilot* («Dio è il mio copilota»), divenne un film nel 1945[5]. Nello stesso anno in cui Hollywood trasponeva

5. Uscito anche in Italia con il titolo *Le tigri della Birmania*. [N.d.T.]

la sua storia su pellicola, Scott pubblicò
raccolta di racconti dal titolo *Damned*
alla gloria»). Il primo, «Il pilota fantas
gli stessi eventi attribuiti al «mistero» d
aviatori di nome Hampshire e Costell
collare in fretta e furia dalla loro bas
un P-40. Con sorpresa notano insegn
e l'assenza del carrello di atterraggio

> La cabina di pilotaggio era stata
> la fusoliera era ridotta a un cola
> andato e un'ala sembrava più cor
> ne era esplosa una parte. Poi H
> sotto l'apparecchio sconosciuto
> di atterraggio: i solchi in cui ri
> Quella non era opera di proie
> mai state.

I due aviatori avevano
la testa reclinata sui coma
cui l'aereo si era schiantat
cuperato il suo diario. Ir
descriveva come si fosse
a Mindanao, nelle Filip
ricani. Intorno tutto er
pezzi dalle carcasse de
mente funzionante. N
di atterraggio, avevar
per il decollo, che g
carico di bombe, si p
na Taiwan), che era

bemarle, che erano stati originariamente progettati per fungere da bombardieri. Commissionati nel 1938, avevano fusoliera e ala centrale costituite da un telaio tubolare in acciaio con copertura in compensato. Una volta cominciata la produzione, si era scoperto che gli apparecchi non erano adatti come bombardieri ed erano stati perciò riciclati come aerei da trasporto.

I velivoli furono trasferiti da Prestwick, in Scozia, fino a Mosca, sorvolando la Norvegia e il Mar Baltico. Oltre ad averli forniti, i britannici si offrirono di addestrare i sovietici a pilotarli. Si costituirono venti equipaggi dalla Prima Divisione aerea e il primo gruppo di questi arrivò in Scozia l'11 gennaio 1943.

Alloggiava all'Errol Aerodrome della RAF, dove si addestravano piloti di vari paesi alleati e che aveva un organico di duemila elementi.

Piloti e ingegneri russi studiarono gli apparecchi in fabbrica e all'aerodromo, ma ben presto il capo della missione militare sovietica cominciò a riscontrare dei problemi. In un rapporto dell'ammiraglio Nikolai Kharlamov spiegò che «uno svantaggio considerevole» era «l'aspetto dei nostri aviatori, arrivati con uniformi tutte diverse e senza distintivi. Ciò ha complicato la comunicazione tra loro e gli ufficiali istruttori britannici, che li consideravano di basso grado». Per evitare simili malintesi, da quel momento si ordinarono a un sarto di Dundee nuove uniformi per gli equipaggi di aviatori.

Nei successivi due mesi arrivarono in Scozia altri sette gruppi e, dopo il periodo di addestramento, tornarono in Unione Sovietica pilotando i nuovi aerei. La Gran Bretagna promise di fornire ai russi altri cento Albemarle.

Il 3 marzo il primo decollò dal suolo britannico per atterrare al campo di aviazione di Vnukovo, dopo un viaggio di undici ore e un quarto. Alla fine di aprile quattordici Albemarle erano partiti dalla Scozia, ma due non raggiunsero mai l'aeroporto di Vnukovo. Uno risultò semplicemente disperso, l'altro fu abbattuto dal fuoco antiaereo tedesco.

Durante un volo di addestramento un Albemarle si schiantò vicino al Loch Tay. Testimoni oculari riferirono che l'equipaggio era riuscito a deviare l'apparecchio dalle case vicine, evitando perdite civili. Purtroppo non era riuscito a salvarsi la vita.

Nel giugno 1943 tutti gli equipaggi russi erano stati efficacemente addestrati all'Errol Aerodrome e avevano anche assistito al decollo dei bombardieri Halifax per un'incursione su Berlino. Trovarono una rotta più sicura per il ritorno: attraverso Fairbanks, in Alaska, e fino a Krasnojarsk, in Siberia.

I sovietici non avevano un'altissima opinione dell'Albemarle, come aereo; in seguito gli americani resero disponibile il Douglas C-47, che era decisamente superiore.

Nel 2015, in Scozia, si è tributato un riconoscimento particolare a quei piloti con una mostra dal titolo «Arrivano i russi», ospitata dal Montrose Air Station Heritage Centre. Il 16 maggio è stata scoperta una lapide commemorativa in loro ricordo nel campo di aviazione in disuso dell'Errol Aerodrome.

IL LIBERATOR PERDUTO

Il 4 aprile 1943 l'equipaggio di un Liberator B-24D della USAAF partì per la prima missione di combattimento dell'apparecchio. L'aereo non rientrò alla base e i suoi occupanti furono dati tutti per «dispersi in azione». All'inizio si ipotizzò che l'equipaggio di nove persone fosse finito nel Mediterraneo e quella rimase la versione ufficiale, finché alcuni operai della British Petroleum non scoprirono accidentalmente un relitto di aeroplano nel deserto libico il 9 novembre 1958.

A seguito dell'inatteso ritrovamento, si iniziò un'indagine su ciò che poteva essere accaduto. Stando alle conclusioni dell'inchiesta i membri dell'equipaggio, che erano arrivati in Libia appena una settimana prima e non avevano mai volato insieme in precedenza, si erano persi in una tempesta di sabbia e avevano inavvertitamente superato la base di destinazione. Si erano diretti a sud addentrandosi nel deserto, poi il velivolo aveva finito il carburante e gli occupanti si erano paracadutati al suolo per tentare di raggiungere la salvezza a piedi, ma erano periti nel deserto.

Due anni dopo si ritrovarono i corpi di tutti, tranne uno. Il relitto fu trasportato in una base dell'aviazione libica.

Il Liberator, con il nome – *Lady Be Good* – dipinto a mano sulla fiancata, era parte di una squadriglia di bombardieri di base a Soluch Field, in Libia. La sua missione era stata il bombardamento del porto di Napoli, nell'ambito di un attacco compiuto con venticinque aerei.

La sfortuna lo perseguitò fin dall'inizio del volo: era stato uno degli ultimi velivoli a partire e quasi subito, appena giunto in quota, la scarsa visibilità e il forte vento gli fecero perdere i contatti con gli altri bombardieri. Le condizioni erano così pessime che nove apparecchi del team rientrarono alla base, ma il *Lady Be Good* proseguì l'incursione in solitaria. Riuscì ad arrivare a Napoli quella sera ma, di nuovo, la cattiva visibilità gli rese difficile visualizzare con chiarezza l'obiettivo.

Mentre l'aereo tornava da solo dall'Italia, il pilota comunicò via radio alla base che il radiogoniometro non funzionava bene e chiese l'esatta posizione, ma di fatto l'aereo la superò inavvertitamente e nel deserto le condizioni di visibilità erano talmente ridotte che non riuscì ad avvistare i razzi lanciati per guidarlo.

Per le successive due ore il Liberator si addentrò sempre più nel Sahara. Alla fine il carburante cominciò a scarseggiare e l'equipaggio si paracadutò a terra. L'aereo proseguì il suo volo senza pilota per 26 chilometri, poi si schiantò al suolo. I soccorsi inviati non trovarono traccia dell'apparecchio né del suo equipaggio. Al momento dell'impatto un motore dell'aereo era ancora funzionante e il velivolo era fondamentalmente integro: dovette perdere quota gradualmente e atterrare slittando con la parte inferiore sulla sabbia del deserto.

Quando gli operai della BP scoprirono il relitto, radio e artiglieria erano ancora funzionanti; c'erano persino alcune provviste di cibo e acqua a bordo. Mancavano i paracadute e non c'era alcuna traccia dell'equipaggio, dunque apparve chiaro che gli occupanti si erano tutti lanciati prima dello schianto.

Nel febbraio 1960 si ritrovarono i corpi di cinque di loro. Più tardi, quello stesso anno, altri tre cadaveri furono estratti dalla sabbia del deserto. Solo un membro dell'equipaggio non è mai stato trovato, ma si ritiene che fossero i suoi resti quelli che una pattuglia dell'esercito britannico aveva trovato e seppellito nel 1953, non sapendo che in quell'area risultavano aviatori alleati dispersi.

Il copilota del Liberator aveva tenuto un diario, mentre con l'equipaggio tentava di dirigersi a nord per uscire a piedi dal deserto. Erano atterrati con il paracadute senza avere idea di dove si trovassero, poi avevano resistito otto giorni nel deserto con una sola borraccia d'acqua. Alla fine si erano separati: cinque erano rimasti indietro e tre erano partiti in cerca d'aiuto. Purtroppo nessuno era sopravvissuto: il diario ritrovato sul corpo del copilota racconta una storia di coraggio e di crescente disperazione, mentre in quegli uomini si faceva strada la consapevolezza che non sarebbero sopravvissuti.

Nella base aerea di Wheelus una vetrata ricorda il *Lady Be Good* e il suo coraggioso equipaggio.

CHI HA SPARATO A DOUGLAS BADER?

Douglas Bader era uno dei più celebri piloti della RAF durante la Seconda guerra mondiale. Gli erano state attribuite ventidue vittorie, più altre sei probabili e quattro condivise; era inoltre riuscito a danneggiare un totale di undici velivoli tedeschi.

Bader era entrato nella RAF nel 1928 e in servizio attivo due anni dopo. Nel 1931 perse le gambe in un incidente aereo e, appena si fu ripreso, fece domanda per rientrare in servizio, ma la richiesta fu respinta e dovette congedarsi per motivi medici. Allo scoppio della guerra, tuttavia, tornò alla RAF e gli fu permesso di pilotare. Durante la ritirata da Dunkerque,

Con le mani in tasca, Douglas Bader, il celebre pilota senza gambe, posa davanti a un Hurricane insieme a piloti canadesi della Squadriglia 242.

mise a segno le sue ultime vittorie, poi prese parte alla Battaglia d'Inghilterra.

Nell'agosto 1941 si paracadutò in territorio francese e venne catturato, passando il resto del conflitto come prigioniero di guerra. Durante la prigionia fece diversi tentativi di fuga e fu trasferito al Castello di Colditz, considerato a prova di evasione. In realtà ci fu chi riuscì a scappare da Colditz, ma Bader non era tra questi e venne liberato soltanto nel 1945.

Era convinto che il suo apparecchio si fosse scontrato a mezz'aria con un Bf 109 in Francia. A seguito della collisione, l'aereo aveva subito danni irreparabili in più punti e aveva cominciato rapidamente a perdere quota. Sulle prime Bader aveva tentato di lanciarsi, ma una delle protesi glielo aveva impedito. Alla fine era riuscito ad aprire il paracadute e a liberare la gamba. Mentre si avvicinava a terra si era visto passare accanto il Bf 109 in volo.

Dagli archivi tedeschi però non risulta che un Bf 109 fosse rimasto coinvolto in una collisione e, benché due piloti tedeschi abbiano reclamato una vittoria quel giorno, nessuna delle due rivendicazioni collima con i particolari dello schianto di Bader.

Ricerche recenti inducono a ritenere che Bader, avendo perso i contatti con la sua squadriglia, possa essere stato abbattuto da fuoco amico. Il capitano Casson della Squadriglia 616 sostenne di aver abbattuto un Bf 109 e disse che aveva visto staccarglisi la coda, mentre il pilota si lanciava con il paracadute. In seguito, si rese conto di avere probabilmente scambiato l'aereo di Bader per un apparecchio tedesco, colpendolo per errore.

Lo Spitfire di Bader non è mai stato trovato. Si ritiene che sia andato distrutto nello schianto e ciò è suffragato da un testimone oculare francese, che lo vide disintegrarsi mentre precipitava a terra.

GUY GIBSON: MORTE DI UN GUASTATORE

Il tenente colonnello Guy Gibson fu uno dei migliori piloti della RAF durante la Seconda guerra mondiale. Alla sua morte – età: ventisei anni – aveva totalizzato più di centosettanta operazioni di volo.

Aveva sognato di volare fin da bambino: appesa al muro della sua cameretta c'era la foto di Albert Ball, asso dell'aviazione britannica all'epoca del primo conflitto. Voleva diventare un pilota collaudatore, ma quando fece domanda alla Vickers gli consigliarono di entrare nella RAF. Tentò allora di arruolarsi, ma sulle prime lo rifiutarono perché aveva le gambe troppo corte. Nel 1936 ripresentò la domanda e questa volta fu ammesso, dando inizio alla sua carriera nella RAF.

Nell'estate del 1937 mostrava ormai una predilezione per i bombardieri. Si era anche guadagnato la reputazione di scontroso. Tecnicamente era molto bravo, ma i suoi tratti caratteriali non erano all'altezza delle sue qualità di pilota. Gli si rimproverava, in particolare, di essere sgarbato con gli ufficiali subalterni e con il personale di terra.

Gibson cominciò la carriera con la Squadriglia 83 (bombardieri), pilotando Hawker Hind. Continuava a trattare il personale di terra con scarso rispetto e presto si attirò il nomignolo di «Presuntuoso bastardo». Cominciò poi ad acquistare fama di incosciente; nell'ottobre 1938 dovette comparire davanti a una commissione d'inchiesta e fu riconosciuto colpevole di negligenza. Nel 1939 alla Squadriglia 83 furono assegnati gli Handley Page Hampden, così Gibson dovette imparare a pilotare i nuovi apparecchi.

Nell'estate del 1939 era in congedo e il 31 agosto lo richiamarono improvvisamente in servizio. Stava per diventare uno dei piloti più famosi della Seconda guerra mondiale.

Il suo primo volo nel corso delle ostilità fu il 3 settembre 1939, appena due giorni dopo la dichiarazione di guerra. Venne scelto per attaccare la marina tedesca vicino a Wilhelmshaven. Le pessime condizioni climatiche lo costrinsero a rinunciare al tentativo e Gibson non volò più fino a dicembre.

Nel febbraio 1940 fece parte di una squadriglia inviata ad attaccare un U-boot, ma a causa di un errore di comunicazione uno degli aerei sganciò le sue bombe su un sottomarino della Royal Navy. Agli ufficiali fu fatta una severa reprimenda e fu ordinato loro di sottoporsi a un rigoroso addestramento.

Nell'aprile 1940 Gibson cominciò uno dei periodi più frenetici della sua carriera. Nel giro di cinque mesi portò a termine trentaquattro operazioni, dieci delle quali in giugno. Le missioni prevedevano di piazzare mine, attaccare navi e bombardare obiettivi a terra. Aveva fama di indomito aviatore, pronto a volare anche con cattive condizioni atmosferiche e il 9 luglio 1940 ricevette la Distinguished Flying Cross (DFC).

Il 13 novembre 1940 fu posto alla testa della Squadriglia 29. Questa non era molto efficiente, per lo più usava dei Bristol Blenheim, inidonei come caccia per il volo notturno, e i piloti ben addestrati erano pochi. Malgrado quei limiti, Gibson condusse a termine sei operazioni.

Quando poi la squadriglia cominciò a pilotare i Bristol Beaufighter le cose migliorarono. Gibson scoprì che usare i caccia in notturna era molto diverso che pilotare i bombardieri: l'equipaggio doveva fare squadra e il pilota doveva contare sulla guida dell'operatore radar per individuare gli obiettivi. Ebbe un discreto successo, ma non si distinse come l'«asso» della squadriglia, cosa che lo deluse non poco. Il 15 dicembre se ne andò e ricevette una barretta in più sulla sua DFC.

Dopo un periodo di riposo decise che preferiva pilotare bombardieri. Il 22 marzo 1942 fu chiamato per un colloquio con un ufficiale dell'aviazione, il comandante in capo Arthur Harris. Harris lo promosse tenente colonnello e lo assegnò alla Squadriglia 106, dove gli fu dato il comando di un gruppo di Lancaster.

Gibson cominciò depositando mine nel Baltico e ben presto effettuò bombardamenti su vasta scala. Era notoriamente aggressivo, amante del rischio e severo nella disciplina. Questo a volte lo induceva a commettere errori di giudizio e non era particolarmente amato dall'equipaggio. Il suo atteggiamento verso personale di terra e sottufficiali continuava ad attirargli critiche e in breve si guadagnò un nuovo soprannome: «L'imperatore ragazzino».

Nel marzo 1943 fu scelto per guidare la nuova Squadriglia 617 della RAF, il cui compito era di distruggere le dighe nella regione tedesca della Ruhr; poi il 24 marzo Gibson incontrò per la prima volta Barnes Wallis.

Wallis gli illustrò la sua nuova *bouncing bomb* («bomba rimbalzante») e qualche giorno più tardi gli fu chiesto di fare pratica di bombardamento su laghi e bacini idrici delle Midlands e del Galles. Il 29 marzo gli vennero mostrati i modelli di due dighe, sui fiumi Möhne e Sorpe, e il 16-17 maggio fu il principale protagonista dei Dambuster Raid, in cui si colpirono tre dighe tedesche. Quella sul Möhne e un'altra, sul fiume Eder, vennero squarciate dalle bombe, ma la diga sul Sorpe non riportò alcun danno. Durante l'incursione si persero otto aerei e morirono cinquantasei membri degli equipaggi. Gibson ricevette la Victoria Cross per il suo ruolo nell'attacco.

L'incidente misterioso

Dopo il raid Gibson fu messo a riposo dal servizio attivo in volo e si dedicò a un lungo tour di Gran Bretagna e Stati Uniti.

Mal sopportava quella limitazione e pregò che lo facessero volare di nuovo. Alla fine le autorità cedettero, ma nel settembre 1944 il suo Mosquito si schiantò: Gibson e il suo navigatore non ne uscirono vivi.

La RAF emise rapidamente un rapporto sull'accaduto. Vi si dichiarava che non c'erano velivoli nelle vicinanze al momento dell'incidente, dunque si poteva concludere che Gibson fosse rimasto senza carburante o che fosse stato abbattuto dal fuoco antiaereo a terra.

Quando morì aveva solo ventisei anni e la sua figura leggendaria, pluridecorata, imponeva una morte da eroe, ma la versione ufficiale del suo decesso potrebbe essere falsa: Gibson potrebbe essere stato ucciso da un artigliere a bordo di un Lancaster.

Per anni, i rapporti sui combattimenti aerei dei Lancaster in volo nei dintorni dell'incidente rimasero materiale classificato: quando finalmente divennero di dominio pubblico, emerse una storia del tutto inaspettata. Il sergente Bernard McCormack era lo sfortunato artigliere che aveva scambiato il Mosquito di Gibson per un aereo tedesco. Il suo rapporto lo colloca nella stessa zona in cui stava volando Gibson e attesta che il sergente colpì quello che riteneva essere uno Ju-88.

Nella zona c'era anche un altro Lancaster e gli uomini del suo equipaggio riferirono di aver visto un Mosquito fuori controllo, che poi si era schiantato. Dissero anche di aver avvistato quattro razzi di segnalazione dell'obiettivo al momento dello schianto: quei razzi erano dello stesso tipo presente a bordo del Mosquito. Tempo di volo e posizione degli equipaggi dei due Lancaster corrispondono al luogo in cui l'aereo di Gibson si era schiantato.

McCormack fu interrogato da un funzionario dell'intelligence della RAF e in seguito registrò su nastro la sua versione di quanto accaduto.

> Rientriamo, sorvolando l'Olanda, e di colpo c'è questo aliante [aereo] proprio dietro di noi: un bimotore a timone singolo. Veniva verso di noi, a scossoni, così abbiamo aperto il fuoco e l'abbiamo colpito.

Dopo aver reclamato l'abbattimento di uno Ju-88, l'equipaggio fu interrogato dall'intelligence della RAF. Quando l'inquirente fece osservare che anche il Mosquito, come lo Ju-88, aveva due motori e timone singolo, McCormack si rese conto che aveva colpito e ucciso Guy Gibson.

La RAF però non poteva ammettere che l'uccisione di un eroe di guerra fosse dovuta a fuoco amico, quindi creò due versioni plausibili: l'assenza di carburante o il fuoco antiaereo da terra. McCormack non riparlò mai più di quell'episodio, ma la registrazione fornisce il suo racconto degli eventi.

Resta possibile che Gibson, la cui esperienza di pilotaggio del Mosquito era assai limitata, avesse valutato male la quantità di carburante rimasta nel serbatoio o avesse semplicemente perso il controllo del velivolo. Tra le cause verosimili è anche stata suggerita un'anomalia del segnalatore di carburante. La ben nota arroganza di Guy potrebbe averlo indotto a pensare di potersi levare d'impiccio proseguendo il volo.

Nel complesso però il resoconto di McCormack sembra la spiegazione più plausibile della morte di uno dei più dotati piloti della Seconda guerra mondiale. La verità comunque non sarà mai appurata con certezza.

MISTERI DELLO SPIONAGGIO 10

PEARL HARBOR FU DAVVERO UN ATTACCO A SORPRESA?

Il 7 dicembre 1941 i giapponesi attaccarono la flotta degli Stati Uniti nel Pacifico a Pearl Harbor, nelle Hawaii. Da allora ci si è chiesti se l'attacco avesse davvero colto gli Stati Uniti di sorpresa. Fu un caso di semplice incompetenza e sprovvedutezza o si trattò di una cinica cospirazione del governo USA e/o di altre nazioni alleate, volta a trascinare gli Stati Uniti in guerra a prezzo delle vite di marinai americani? Prima di esaminare la questione è necessario conoscere il contesto degli eventi che precedettero l'aggressione giapponese.

È fuor di dubbio che, fin dallo scoppio della guerra nel settembre 1939, il presidente Roosevelt fosse in tutto e per tutto dalla parte degli Alleati. Temeva e aborriva il nazismo e, se il clima politico interno fosse stato più favorevole, sarebbe probabilmente intervenuto prima nel conflitto.

Nondimeno Roosevelt aveva il pieno controllo del Partito Democratico e fu in grado di persuaderlo a sostenere un certo numero di provvedimenti di dubbia legittimità dal punto di vista della professata neutralità degli Stati Uniti.

Il sentimento isolazionista era forte nel paese, ma certo non così potente come si è talvolta sostenuto. Taluni gruppi, soprattutto i tedeschi americani e, in misura minore, alcuni irlandesi americani, erano ostili alla Gran Bretagna e nutrivano qualche simpatia filonazista, ma costituivano comunque una minoranza. La maggior parte degli americani tuttavia, per quanto potesse desiderare di star fuori dal conflitto, era ampiamente a favore degli Alleati.

Ciò risulta chiaro dall'inaspettata scelta dei Repubblicani di presentare Wendell Willkie come candidato alle presidenziali del 1940. Willkie, ex democratico e uomo d'affari, si era guadagnato la nomina a dispetto dell'opposizione dell'establishment

Colte impreparate, le forze armate statunitensi accusarono un duro colpo quando i giapponesi attaccarono Pearl Harbor nel 1941. Ma l'aggressione fu davvero una sorpresa per il governo degli Stati Uniti?

repubblicano; era nettamente a favore di un intervento nella «guerra europea» e la sua contrarietà ai sentimenti isolazionisti riscuoteva, con ogni evidenza, sufficiente consenso da farlo prediligere come candidato repubblicano.

La nomina di Willkie diede anche a Roosevelt maggiore spazio di manovra e buoni motivi per ritenere che gli Stati Uniti potessero a un certo punto entrare nel conflitto. Se i Repubblicani avessero scelto uno dei candidati isolazionisti, il suo compito si sarebbe rivelato più arduo. Roosevelt – fatto senza precedenti e unico nella storia americana – concorreva per il terzo mandato presidenziale e la candidatura di Willkie significò che entrambe le parti erano nettamente a favore di una politica più apertamente antinazista.

Quando Roosevelt fu rieletto Willkie continuò a sostenere la politica di intervento. Ciò permise al presidente di imporre misure che sarebbe stato più difficile far approvare senza un sostegno bipartisan.

Fu Roosevelt a provocare l'attacco?

I rapporti tra Stati Uniti e Giappone erano compromessi da anni. Dal 1937 i giapponesi erano impegnati in una sanguinosa guerra con la Cina, nel corso della quale avevano commesso numerose atrocità. L'America sapeva bene che il Giappone era dominato da un regime militare e che mirava a conquistare vasta parte dell'Asia. Le colonie olandesi delle Indie Orientali e quelle britanniche in Malesia, Singapore, Hong Kong e altrove erano tutte considerate possibili annessioni all'Impero giapponese. Le Filippine poi costituivano un particolare motivo di preoccupazione per gli Stati Uniti, perché la vicinanza al Giappone e le carenze difensive le rendevano un facile bersaglio. Esercito ed esperti di affari esteri consideravano un attacco giapponese nelle Filippine altamente probabile in caso di guerra.

Roosevelt congelò i possedimenti nipponici negli Stati Uniti, ridusse e infine bloccò le esportazioni in Giappone, chiuse il Canale di Panama alle navi giapponesi e minacciò l'uso della forza ove il Giappone non avesse abbandonato le sue mire espansionistiche nel Pacifico. Con lo scoppio del conflitto in Europa, adottò un tono sempre più bellicoso nei confronti di quel paese e, alla fine, i passi intrapresi indussero il Giappone ad attaccare per primo gli Stati Uniti.

Un motivo per cui l'opinione pubblica americana aveva esitato a promuovere un diretto coinvolgimento nella guerra in Europa era il ricordo dello stallo quadriennale sul Fronte Occidentale. Nel 1939, la «strana guerra» aveva indotto gli osservatori da ambo i lati dell'Atlantico a chiedersi se non si potesse negoziare una pace.

Quelle illusioni svanirono con il Blitzkrieg che aveva visto le truppe tedesche calare in Francia attraverso Belgio e Olanda. L'esercito britannico aveva dovuto battere in ritirata a Dunkerque e i francesi erano stati costretti ad arrendersi. D'un tratto la Germania era padrona dell'Europa occidentale e la Gran Bretagna si era ritrovata ad affrontare un nemico vittorioso con l'unica difesa del Canale della Manica e della Royal Air Force.

L'inaspettato predominio tedesco in Europa cambiò la percezione americana. Le simpatie per la Gran Bretagna aumentarono via via che la Battaglia d'Inghilterra vedeva i valorosi piloti della RAF sconfiggere la Luftwaffe a dispetto dello svantaggio numerico. L'effetto del blitz fu anche più accentuato sull'opinione pubblica degli Stati Uniti. A differenza di Joseph Kennedy, la maggior parte degli americani cominciò ad ammirare la determinazione e l'audacia della Gran Bretagna e a pensare che i tedeschi si potevano battere.

A prescindere dal ruolo delle vicende europee nel forgiare l'opinione americana, comunque, il presunto isolazionismo degli Stati Uniti è nettamente ridimensionato da un sondaggio d'opinione dell'epoca, da cui si evince che una vasta maggioranza della popolazione era preoccupata dalle attività dei giapponesi nel Pacifico e favorevole alla guerra contro il Giappone. La nomination di Willkie da parte del Partito Repubblicano è un'ulteriore prova di come l'effettivo sostegno alle politiche isolazioniste fosse assai inferiore a quanto si ritiene.

È fuor di dubbio che Roosevelt si dedicò a provocare i giapponesi: meno chiaro è però fino a che punto stesse solo attuando una strategia del rischio calcolato e fino a che punto avesse come intento la guerra. Aveva congelato i possedimenti tedeschi negli Stati Uniti, attaccato con bombe di profondità gli U-boot presenti in acque americane e inviato cinquanta cacciatorpediniere in Gran Bretagna – tutte azioni che violavano con ogni evidenza la neutralità dichiarata – ma i tedeschi semplicemente non avevano reagito. Era certo possibile che i giapponesi seguissero l'esempio dei nazisti.

In termini realistici potevano difficilmente aspettarsi di sconfiggere gli Stati Uniti in una guerra. Come avrebbero dimostrato gli eventi, erano sicuramente in grado di conquistare possedimenti britannici, francesi e olandesi, ma battere l'America era tutta un'altra storia.

Pearl Harbor era certo vulnerabile agli attacchi. Nel 1940 il comandante della flotta pacifica, l'ammiraglio Richardson, era volato a Washington per chiedere a Roosevelt di spostare la base sulla West Coast. Alle Hawaii, diceva, era abbordabile da qualunque direzione e impossibile da difendere da un attacco con i siluri. Per lui era molto difficile addestrare e rifornire adeguatamente gli equipaggi in quella sede e anche il morale degli uomini, così lontani dalle loro famiglie, ne risentiva. Richardson avrebbe affermato in seguito: «Uscii con la netta sensazione che, malgrado le sue rassicurazioni, il presidente fosse del tutto deciso a portare in guerra gli Stati Uniti, se solo la Gran Bretagna fosse riuscita a tener duro fino alla sua rielezione».

I rapporti tra i due uomini, pare, si andarono surriscaldando e Roosevelt finì per rimuovere Richardson. Lo sostituì l'ammiraglio Kimmel, che non tardò a far presenti a Roosevelt i problemi di Pearl Harbor, ma anche le sue perplessità vennero scavalcate.

Ci sono tre versioni della teoria complottista sull'attacco di Pearl Harbor. Una vuole che Churchill avesse avvertito Roosevelt dell'imminente aggressione giapponese, ma che entrambi i leader fossero rimasti in silenzio; una seconda sostiene che Churchill sapesse dell'attentato in arrivo, ma che avesse taciuto la verità al presidente americano; la terza teorizza che Roosevelt avesse deliberatamente pianificato di provocare i giapponesi per indurli ad attaccare Pearl Harbor e che abbia sacrificato la flotta pacifica e le vite dei suoi uomini per portare l'America in guerra. Tutte e tre hanno qualche grado di plausibilità, ma prestano anche il fianco a serie obiezioni.

Prima di entrare nello specifico, vale la pena ricordare che gli storici considerano troppo spesso Pearl Harbor solo dal punto di vista degli americani. I giapponesi erano militarmente attivi nel Pacifico da anni e in quell'arco di tempo avevano studiato con la massima accuratezza le postazioni navali statunitensi, di cui avevano mappe e specifiche tecniche. Nel furore dell'assegnazione delle colpe per i fatti di Pearl Harbor, si è troppo facilmente dimenticato di valutare in che misura il Giappone avesse pianificato una potenziale guerra contro gli Stati Uniti.

L'attacco a Pearl Harbor

L'aggressione era stata pianificata nei minimi dettagli dall'ammiraglio Yamamoto. Egli aveva vissuto e lavorato negli Stati Uniti e parlava fluentemente inglese. Aveva letto due libri scritti dal funzionario dell'intelligence britannica Hector Bywater. Uno si intitolava *Il potere marittimo nel Pacifico* e, benché pubblicato nel 1925, era ampiamente noto ed era stato tradotto in giapponese.

Il testo prediceva un attacco a sorpresa a Pearl Harbor, poi immaginava uno scontro tra le flotte americana e giapponese nelle filippine. Bywater aveva predetto che le portaerei avrebbero svolto un ruolo decisivo nella battaglia e il suo libro anticipava pure gli attacchi nipponici a Guam e nelle Filippine, con massicci bombardamenti per mare e per aria quale preludio all'invasione delle truppe giapponesi.

Non solo Yamamoto parlava e leggeva l'inglese, ma la disponibilità di una traduzione in giapponese rende ancora più probabile che avesse letto gli scritti di Bywater. Già nel 1927 aveva preso parte a esercitazioni che includevano la simulazione di un attacco a Pearl Harbor e nel dicembre 1940 cominciò i preparativi per l'aggressione imminente.

Gli ci vollero otto mesi per convincere le autorità navali giapponesi che il suo piano era attuabile: ancora il 24 settembre 1941 era stato respinto perché troppo pericoloso.

Di fronte a quella opposizione Yamamoto fece pesare il suo grado: ormai era il comandante in capo della marina e poteva insistere che si proseguisse con la pianificazione dell'attacco. Poi affrontò il ministro della marina e gli diede un ultimatum: se il piano non fosse stato approvato si sarebbe dimesso. Aggiunse inoltre che gli alti ufficiali della flotta avrebbero seguito il suo esempio.

Questo accelerò una crisi in seno al governo giapponese. Molti esponenti governativi si erano ormai convinti che una guerra con l'America fosse inevitabile e che un colpo preventivo di qualche genere fosse il modo migliore per aumentare al massimo le probabilità di successo.

La risoluzione di attaccare Pearl Harbor fu ulteriormente corroborata da una serie di voli di ricognizione effettuati da Taiwan fin dall'aprile 1941. Filippine, Guam e altre basi USA erano state fotografate e agenti avevano trasmesso informazioni in merito.

Una volta in possesso di tutti i dati necessari per sferrare l'attacco, Yamamoto ordinò alla flotta e all'aviazione di muoversi e di assaltare Pearl Harbor. La task force partì il 26 novembre al comando del viceammiraglio Chūichi Nagumo. Quella nomina si sarebbe rivelata un errore, malgrado il successo della missione nell'immediato.

La flotta prese la rotta settentrionale, più lunga, per ridurre le probabilità di essere individuata, e mantenne un perfetto silenzio radio fino a 320 chilometri a nord delle isole Hawaii. A quel punto ricevette il messaggio «Scalate il Monte Niitaka!», il segnale in codice di scatenare l'attacco.

Il 7 dicembre centinaia di aerei giapponesi volarono dalle loro porta-aerei raggiungendo l'obiettivo in appena un paio d'ore. Alle 7.49 ebbe inizio l'assalto. Bombe e siluri colpirono la flotta pacifica degli Stati Uniti e alle 10.00 otto navi americane erano state distrutte o messe fuori uso. Furono bombardate anche le basi dell'aviazione, con 163 aerei distrutti e altri 159 danneggiati.

A quel punto Nagumo sfoderò un'improvvisa cautela e rifiutò di effettuare il terzo attacco previsto dal piano di Yamamoto: di conseguenza non vennero devastati i bunker di olio combustibile delle Hawaii e altri importanti obiettivi militari.

Malgrado l'incapacità di Nagumo di distruggere completamente le risorse americane nella regione, Pearl Harbor fu un brillante trionfo militare per i giapponesi. Diede loro l'audacia di sferrare attacchi contro varie nazioni asiatiche, almeno inizialmente con rapida efficacia.

Analisi delle teorie complottiste

Fin dal giorno dell'attacco si sono moltiplicate le teorie complottiste sull'accaduto. La dettagliata conoscenza della regione e dell'ubicazione delle flotte di Yamamoto fu dapprima attribuita a un tradimento degli Alleati. In realtà era il risultato di anni di accurate ricerche e di attenta pianificazione, il che spiega anche la sua capacità di colpire con rapida precisione l'obiettivo. Più discutibile è in che misura le nazioni alleate fossero a conoscenza dei piani del Giappone.

Secondo la tesi più estrema Roosevelt avrebbe sacrificato la flotta del Pacifico per trascinare l'America in guerra. Chi è di questo avviso fa in genere osservare che gli Stati Uniti avevano decrittato il codice segreto nipponico (il cosiddetto Purple code) nel 1940. Si erano realizzate varie repliche della macchina decodificatrice, ma nessuna era stata inviata a Pearl Harbor.

In seguito emersero altre informazioni. Già il 27 gennaio 1941 l'ambasciatore USA in Giappone aveva mandato un messaggio al governatore, riferendo ciò che aveva saputo da un ministro peruviano. Il messaggio diceva: «Nel caso in cui sorgessero problemi tra Stati Uniti e Giappone, i giapponesi hanno intenzione di compiere un attacco a sorpresa su Pearl Harbor, colpendo con tutte le forze».

Nell'estate del 1941 a Duško Popov, doppio agente iugoslavo che si fingeva al servizio della Germania ma lavorava segretamente per gli Alleati, fu richiesto dai tedeschi di recarsi alle Hawaii e di compiere uno studio dettagliato di Pearl Harbor e delle sue difese. Lui riferì l'informazione all'FBI di New York. J. Edgar Hoover avrebbe detto in seguito di aver trasmesso l'avvertimento a Roosevelt, ma che il presidente gli ingiunse di lasciar perdere la questione.

Quel che sostiene Hoover però è di dubbia veridicità e per due motivi. In primo luogo c'è chi gli contesta di aver saputo di Pearl Harbor, ma di avere in realtà omesso di informarne il presidente; in secondo luogo, la sua versione degli eventi è emersa molto più tardi, quasi certamente allo scopo di giustificare e difendere se stesso da critiche interne all'FBI.

Il 9 ottobre 1941 fu decodificato un messaggio di Tokyo al console generale giapponese alle Hawaii. Gli si ordinava di dividere Pearl Harbor in cinque zone e di riferire la posizione delle navi statunitensi nel porto. L'interpretazione logica del messaggio sarebbe stata che era in programma un attacco a Pearl Harbor, probabilmente a breve.

Nel dicembre 1941 gli olandesi decifrarono un dispaccio dei giapponesi alla loro ambasciata a Bangkok che prevedeva attacchi a quattro obiettivi, tra cui le Hawaii. Il testo fu trasmesso a osservatori delle forze armate americane nella regione e anche l'*attaché* dell'esercito olandese a Washington avvertì il generale George Marshall dell'informazione decifrata.

Controversa è poi la tesi secondo cui la spia sovietica Richard Sorge sapesse di Pearl Harbor e avesse allertato Stalin. Secondo una versione Stalin passò l'informazione a Roosevelt, secondo un'altra non lo fece. Nessuna delle due è mai stata comprovata.

Non c'è dubbio che Roosevelt volesse portare l'America in guerra ed è certo che l'aggressione giapponese in Asia avesse allarmato il governo quanto l'opinione pubblica degli Stati Uniti.

Dal 1937 in poi una campagna deliberata di sanzioni economiche e d'altro genere contro il Giappone aveva reso più difficile per i giapponesi applicare le loro politiche aggressive. Da varie dichiarazioni di alti funzionari del governo americano si evince che la prospettiva della guerra con il Giappone era considerata altamente probabile, così come è chiaro che l'opinione pubblica era a favore di quell'eventualità.

D'altro canto è altrettanto evidente, sulla base di documenti governativi, che se un attacco giapponese era considerato probabile, si riteneva che il «primo colpo» sarebbe stato diretto contro le Filippine. Non ci sono prove del fatto che il governo degli Stati Uniti si aspettasse un'aggressione a Pearl Harbor. Forse sapeva persino che importanti ministri e comandanti di marina giapponesi consideravano un tale attacco troppo rischioso da intraprendere.

È altamente probabile che l'establishment militare e politico americano fosse troppo sicuro di sé riguardo all'eventualità di un attacco a Pearl Harbor. Autocompiacimento e incompetenza sono spiegazioni più verosimili dell'apatico atteggiamento americano, rispetto a un consapevole tradimento.

C'è poi un'ulteriore complicazione: se Roosevelt avesse provocato un attacco a Pearl Harbor avrebbe corso l'immenso rischio di non sortire l'effetto desiderato. L'insegnamento della storia e il calcolo ponderato sconsigliavano entrambi una simile strategia. Quando Hitler si era ritrovato in guerra con Gran Bretagna e Francia né il Giappone né, sulle prime, l'Italia si erano uniti a lui; non c'erano pertanto ragioni di supporre che un conflitto tra Giappone e Stati Uniti si sarebbe esteso ad altre nazioni. Il presidente non poteva sapere che Hitler, già pesantemente impegnato sul fronte sovietico, avrebbe commesso l'errore, dopo Pearl Harbor, di dichiarare guerra agli Stati Uniti.

La Germania avrebbe potuto benissimo rimanere neutrale e ciò avrebbe costretto l'America a concentrare le sue risorse unicamente sulla guerra del Pacifico, rendendo il compito di liberare l'Europa assai più difficoltoso. Sacrificare la flotta pacifica sulla base dell'improbabile eventualità che Hitler fosse tanto avventato da dichiarare guerra agli Stati Uniti era un azzardo davvero eccessivo. Roosevelt e i suoi erano forse troppo sicuri di sé, ma non erano stupidi. L'idea che il governo americano abbia deliberatamente scelto di sacrificare Pearl Harbor per giungere all'entrata in guerra degli Stati Uniti è assai poco plausibile e contraddetta da prove.

Due cardini della teoria complottista si sono dimostrati falsi. Uno è la tesi secondo cui gli Stati Uniti avevano intercettato messaggi radio giapponesi, e non regge, visto che la flotta nemica aveva mantenuto il silenzio radio. L'altro riguarda un presunto telegramma di Churchill a Roosevelt per avvertire di un imminente aggressione nipponica a Pearl Harbor.

Esistono due versioni del filone «Churchill»: secondo la prima Churchill sapeva dell'attacco, ma non condivise l'informazione con Roosevelt e, per quanto non si possa dimostrare la falsità dell'asserzione, risulta altamente improbabile; la seconda sostiene che Churchill aveva mandato un telegramma al presidente americano allertandolo dell'attacco in preparazione, ed è un'invenzione priva di fondamento. Churchill aveva sì inviato un telegramma a Roosevelt il 26 novembre 1941, ma esprimendo la sua preoccupazione per gli eventi in Cina, dove i giapponesi stavano avendo la meglio sui cinesi.

I sostenitori della teoria complottista davano anche molta importanza a un «dossier segreto» che per molti anni non era stato reso di pubblico dominio. Quando poi lo divenne, tuttavia, apparve chiaro che riguardava il tradimento di un aristocratico scozzese colpevole di aver passato informazioni ai giapponesi.

Nel complesso l'idea di una cospirazione di Churchill e/o di Roosevelt viene perciò sfatata. Non c'è alcuna prova a suffragarla e numerosi fatti dimostrano che è semplicemente falsa.

L'INCIDENTE DI MECHELEN

Con questo nome si designa un episodio avvenuto il 10 gennaio 1940, quando un aereo tedesco compì un atterraggio di fortuna vicino a Vucht, in Belgio. Il pilota Erich Hoenmanns era accompagnato da un passeggero, Helmuth Reinberger, che a sua insaputa trasportava documenti top secret relativi al *Fall Gelb* (il «Caso giallo»), il piano tedesco per l'imminente invasione di Olanda e Belgio. All'epoca dell'incidente l'operazione era programmata per il 17 gennaio.

Quando il velivolo toccò terra i due occupanti non avevano idea di dove si trovassero. Il pilota chiese informazioni a un contadino nelle vicinanze e scoprì con orrore che si trovavano in Belgio. Reinberger appariva ancora più agitato e si precipitò di corsa all'aereo in cerca della sua valigetta. Scioccamente rivelò a Hoenmanns che portava documenti top secret e che doveva distruggerli, facendosi sentire dal contadino. Mentre Reinberger tentava senza successo di bruciare le carte con il suo accendino, Hoenmanns si allontanò dall'apparecchio per sviare l'attenzione da ciò che il suo passeggero stava facendo, ma Reinberger, in preda al panico per non essere riuscito a distruggere i documenti, andò dritto dal contadino e gli chiese un fiammifero, poi si nascose dietro un gruppo di cespugli e ammucchiò le carte, cercando nuovamente di appiccare il fuoco.

La confusione attirò due guardie di confine che, visto il fumo, corsero a fermarlo. Reinberger cercò di fuggire, ma quando le guardie spararono due colpi intimidatori si lasciò prendere.

Il sequestro dei documenti

Le guardie presero prigionieri i due tedeschi e li trattennero al posto di frontiera vicino a Mechelen-aan-de-Maas. Un funzionario d'intelligence dell'esercito belga venne a interrogarli e posò le carte parzialmente bruciate sul tavolo di fronte a loro. Hoenmanns, avvertito da Reinberger dell'importanza capitale di quelle informazioni, cercò di creare un diversivo chiedendo di andare al bagno. In quel momento Reinberger afferrò le carte e tentò di bruciarle in una stufa vicina: riuscì a infilarcele, ma si bruciò la mano sollevando il coperchio rovente. L'ufficiale belga si precipitò a recuperare i documenti, ustionandosi a sua volta. In seguito li rinchiuse sotto chiave in un'altra stanza.

Allora Reinberger capì che tutto era perduto: aveva permesso che i piani per l'invasione di Olanda e Belgio cadessero nelle mani del nemico. Cercò di afferrare la pistola dell'ufficiale, ma fu gettato a terra. Piangendo incontrollabilmente, disse al suo detentore:

«Volevo la sua pistola per uccidermi».

Anche Hoenmanns si rivolse all'ufficiale e aggiunse: «Ormai è spacciato».

Due ore dopo arrivarono gli agenti dei servizi segreti belgi, che presero in consegna le carte per sottoporle ai loro superiori quel pomeriggio.

La notizia dell'incidente aereo raggiunse Berlino in tarda serata e gettò nel panico l'Alto Comando tedesco, non appena ci si rese conto che Reinberger aveva con sé i piani d'invasione dei Paesi Bassi. Il giorno seguente Hitler, furibondo, licenziò due alti ufficiali.

Seguì un acceso dibattito sull'opportunità di abbandonare o meno l'operazione, o per lo meno di modificarla, visto che il dettaglio dei piani originari era caduto nelle mani del Belgio e, probabilmente, dell'Olanda. Si chiese agli *attaché* militari nei due paesi di indagare, cercando di capire fino a che punto la perdita dei documenti avesse compromesso la strategia inizialc.

Due giorni dopo il generale Alfred Jodl, capo delle operazioni della Wehrmacht, riferì a Hitler che «Se il nemico è venuto in possesso di tutti gli incartamenti, la situazione è catastrofica». La pessimistica valutazione però fu ben presto alterata da una campagna ingannevole messa in atto dall'intelligence belga.

L'inganno dei belgi

Il primo stratagemma dei belgi fu il tentativo di ingannare Reinberger facendogli credere che era riuscito a distruggere efficacemente i documenti. Lo minacciarono di usargli il trattamento riservato alle spie, se non avesse rivelato il contenuto dei piani. Come Reinberger avrebbe testimoniato in seguito:

> Dal modo in cui era stata posta la domanda, si capiva che egli [l'inquirente che lo stava interrogando] non poteva avere dedotto nulla dai frammenti che aveva visto.

Il secondo espediente fu permettere a Hoenmanns e Reinberger di incontrare gli *attaché* militari tedeschi, registrando segretamente le conversazioni. Durante l'incontro, Reinberger disse che riteneva di aver bruciato i documenti quanto bastava a renderli illeggibili. La dichiarazione parve convincente e fu in seguito trasmessa all'ambasciatore tedesco in Belgio, che a sua volta telegrafò alle autorità tedesche:

> Il maggiore Reinberger conferma di aver bruciato i documenti, a eccezione di alcuni frammenti delle dimensioni del palmo di una mano. Afferma inoltre che gran parte di ciò che non si è potuto distruggere sembrerebbe di importanza trascurabile.

Soddisfatto da quell'informazione, Jodl riferì: «Valigia diplomatica bruciata, sicuramente». Nel frattempo le autorità del Belgio erano intente ad analizzare i documenti. Benché davvero Reinberger fosse riuscito a distruggere buona parte dei contenuti, quel che restava era sufficiente per capire che i piani riguardavano un'invasione tedesca di Olanda e Belgio. Non si indicava la data dell'attacco ma, dalla reazione del prigioniero, dedussero che doveva essere imminente.

L'11 gennaio il generale Raoul Van Overstraeten decretò che le informazioni contenute nei piani erano il resoconto accurato di un'imminente invasione tedesca. Informò il re, che a sua volta ne rese edotto il ministro della difesa e il comandante in capo delle forze francesi, il generale Maurice Gamelin. Si comunicò la scoperta della progettata invasione al comandante del Corpo di spedizione britannico, Lord Gort. Re Leopoldo informò personalmente del pericolo in agguato la principessa Giuliana d'Olanda e la granduchessa di Lussemburgo.

Gamelin non solo era convinto dell'autenticità delle informazioni – opinione non condivisa da tutti all'Alto Comando francese – ma sperava di usarle per far leva su olandesi e belgi, affinché permettessero alle truppe francesi di entrare nei loro paesi e di usarli come base di manovra in caso di invasione tedesca. Riteneva anche che l'evidenza di un chiaro intento della Germania di violare la neutralità di Belgio e Olanda potesse renderli più propensi a lasciare che gli Alleati attraversassero i loro territori.

Frattanto l'*attaché* militare belga a Berlino inoltrò un avvertimento al suo governo, annunciando di essere venuto a sapere da «fonte attendibile» – l'antinazista colonnello Hans Oster, com'è ormai noto – che «l'attacco avverrà già domani, per prevenire l'adozione di contromisure».

A quel punto nella mente dei belgi si insinuò il dubbio. Van Overstraeten trovava sospetto che l'informatore fosse al corrente dei piani, mai resi pubblici. Si trattava forse di un'elaborata mossa tedesca per indurli ad agire frettolosamente? Malgrado le perplessità, tuttavia, diramò un'allerta per attacco imminente. In seguito un comandante militare emanò un ordine che revocava il congedo per le forze armate, ma sia il re, sia Van Overstraeten ne erano all'oscuro e la decisione li mandò su tutte le furie. L'ufficiale si dimise con disonore alla fine del mese.

A differenza dei belgi, gli olandesi non presero mai sul serio l'informazione. Revocarono il congedo per le truppe, ma non reagirono in altro modo.

Cambio di piani della Germania

Intanto i tedeschi valutavano le conseguenze della vicenda Mechelen. Pur convinto che i piani fossero stati resi illeggibili, Jodl era preoccupato dagli evidenti segni di attività di Francia e Belgio. Inoltre il tempo si guastò, con pesanti nevicate che avrebbero reso più difficile un'invasione. A quel punto Jodl consigliò a Hitler di rimandare l'attuazione del progetto ed egli accettò con riluttanza.

Abbandonata l'idea originaria, seguì un radicale ripensamento della strategia e non è chiaro se ciò sarebbe avvenuto anche in assenza dell'incidente di Mechelen.

Hitler aveva già espresso riserve sul piano originario: gli pareva troppo prevedibile, tecnicamente obsoleto, e riteneva necessario un approccio più dinamico. Malgrado avesse finito per approvare la strategia prescelta, aveva sempre pensato che un assalto di sorpresa e una fase d'attacco abbreviata fossero tattiche più efficaci.

Anche il generale Erich von Manstein era da tempo scettico nei confronti del piano e da mesi promuoveva una strategia diversa, che prevedeva di concentrare i carri armati tedeschi ancora più a sud. Il 13 febbraio Hitler avvallò l'idea e disse a Jodl:

> Dovremmo attaccare in direzione di Sedan. Il nemico non si aspetta che attacchiamo lì. I documenti degli ufficiali caduti con l'aereo lo hanno convinto che intendiamo solo occupare la costa olandese e belga.

Alcuni giorni dopo Hitler approvò ufficialmente il piano di von Manstein e ciò permise ai tedeschi di tendere una trappola agli Alleati. Le forze francesi e britanniche erano ancora convinte che i nazisti avrebbero seguito la procedura d'invasione tratteggiata nei documenti di Mechelen e così si fecero comunque cogliere di sorpresa quando infine l'invasione ebbe davvero luogo. La loro mancanza di elasticità portò a una disastrosa sconfitta militare. Ciò nonostante è da escludere l'ipotesi che i piani perduti da Reinberger fossero un tentativo di disinformazione deliberato: i tedeschi piuttosto si adattarono alla nuova situazione e finsero che la strategia originaria fosse ancora in uso. L'incidente di Mechelen fu per l'appunto un incidente, non uno stratagemma nazista per fuorviare gli Alleati.

LA RETE SPIONISTICA «LUCY»

Fu una delle più efficienti reti di spionaggio antinazista della Seconda guerra mondiale. Aveva la sua base operativa in Svizzera e il suo leader collaborava con diverse reti d'intelligence. Nata per analizzare i dati raccolti dai servizi segreti militari svizzeri, cominciò ben presto a cooperare con gli ufficiali antinazisti.

Alcuni di quei dati vennero passati dall'intelligence militare svizzera all'MI6 e più tardi ci fu anche un coinvolgimento russo, tramite un agente del GRU (servizio d'intelligence delle forze armate russe) attraverso il quale «Lucy» trasmetteva informazioni all'Unione Sovietica.

L'attività della rete ha dato origine a numerose leggende. Si è sostenuto che fosse in realtà un'operazione sotto copertura dei britannici o una rete spionistica dei sovietici, e anche la vera identità del suo fondatore è stata a lungo dibattuta.

La realtà è più complessa. Il leader della rete era Rudolf Rössler, antinazista bavarese che aveva lasciato la Germania rifugiandosi in Svizzera quando Hitler era divenuto cancelliere. Aveva cominciato a pubblicare letteratura antinazista e firmava scritti contrari al regime con lo pseudonimo R.A. Hermes. Rössler continuò a denunciare i mali del nazismo per tutti gli anni Trenta, poi nel 1939 lo scoppio della guerra mutò la sua situazione personale.

La Svizzera era un paese neutrale ma, come altri, ospitava elementi di orientamento filo e antinazista. In quel periodo il generale Roger de Masson, capo dell'intelligence militare svizzera, lo reclutò come analista dati per i servizi segreti.

Rössler non era un comunista e non lavorava per l'intelligence britannica: era semplicemente un tedesco antinazista che creò una rete spionistica in grado di passare informazioni ai sovietici e al suo referente in Svizzera, Masson.

Il nome in codice «Lucy» fu attribuito alla rete dal referente GRU Alexander Rado, sulla base dell'unica informazione che possedeva in merito alla rete stessa e cioè che aveva sede a Lucerna.

Il legame con i sovietici

C'erano dieci membri nella sezione tedesca della rete «Lucy». Sette elementi sono ormai noti ed erano per lo più alti ufficiali. Il maggior generale Hans Oster era il capo di stato maggiore e il vice dell'ammiraglio Canaris, responsabile dell'intelligence militare in Germania. Un secondo membro era il generale di divisione Fritz Thiele, vicecapo delle comunicazioni per l'Alto Comando tedesco. Altri informatori di «Lucy» erano il generale Erich Fellgiebel, responsabile delle comunicazioni dell'Alto Comando; il colonnello Rudolf von Gersdorff, capo dell'intelligence per il Gruppo d'armate Centro, e il colonnello Fritz Boetzel, responsabile analisi dell'intelligence per il Gruppo d'armate Sud-est. Due membri civili sono stati identificati come Carl Goerdeler, leader dell'opposizione «conservatrice» al nazismo in Germania, e Hans-Bernd Gisevius, il viceconsole tedesco a Zurigo. Le identità degli ultimi tre membri tedeschi restano sconosciute.

Sei operatori di «Lucy» risiedevano in Svizzera: Rössler, cui Rado aveva attribuito il nome in codice «Lucy»; lo stesso Rado, capo del GRU in Svizzera; Xaver Schneider, che lavorava per l'intelligence elvetica; Christian Schneider, che operava per conto di Rado ed era l'intermediario di Rössler con il GRU; Rachel Dübendorfer, superiore di Schneider, e Allan Foote, operatore radio e forse agente dell'MI6.

«Lucy» cominciò a operare in modo sistematico quando Rössler fu avvicinato da Thiele e Gersdorff, che gli consegnarono una radio e una macchina «Enigma», l'apparecchio usato dai tedeschi per codificare i messaggi. I due uomini gli passavano informazioni militari segrete nella speranza che riuscisse a trovare il modo di rivelarle agli Alleati: calendario delle invasioni, movimenti di truppe, cifre relative alle perdite di vite umane e dotazioni, dati di produzione... Nell'arco di cinque anni, solo i sovietici ricevettero da lui 5500 messaggi.

Il suo primo grande colpo spionistico fu avvertire i russi, nel maggio 1941, dell'imminente invasione del loro paese. Rössler trasmise l'intero ordine di battaglia in tutti i particolari, le tempistiche e direzioni dei singoli attacchi e persino i nomi in codice dei tedeschi.

All'inizio aveva chiesto ai servizi segreti svizzeri di passare l'informazione ai sovietici, ma questi rifiutarono e lui, tramite i suoi contatti indiretti, avvertì Rado, che inoltrò tutti i particolari. Rössler non venne creduto e fu sospettato di essere un doppio agente.

I russi ci ripensarono solo dopo l'inizio dell'Operazione Barbarossa, quando ebbero prova dell'assoluta precisione dei dettagli forniti. Da quel momento in poi qualunque informazione proveniente da «Lucy» aveva la massima priorità.

Nei successivi due anni Rössler trasmise segreti militari d'importanza vitale, soprattutto all'Unione Sovietica. Nell'autunno del 1942 le fornì i particolari degli attacchi tedeschi a Stalingrado e nel Caucaso, e nell'estate del 1943 rivelò i dettagliati piani tedeschi per l'attacco al saliente di Kursk, l'ultima offensiva contro la Russia. Le informazioni di «Lucy» furono di importanza capitale per consentire ai sovietici di sventare i piani tedeschi e infliggere agli invasori una rovinosa sconfitta nella Battaglia di Kursk.

Chi c'era dietro «Lucy»?

Nell'inverno del 1942 i servizi segreti tedeschi sapevano ormai che la rete «Lucy» inviava informazioni ai russi. Non conoscevano la fonte e dapprima tentarono di infiltrare i loro agenti nella rete spionistica, ma quando il tentativo fallì esercitarono pressioni sulla Svizzera per farla sgominare. Nell'ottobre 1943 le trasmissioni radio della rete furono interrotte e alcuni degli agenti furono arrestati dagli svizzeri.

Con le vie di comunicazione alternative sbarrate, Rössler fu costretto a spedire le sue informazioni attraverso i canali dell'intelligence elvetica. Per fortuna Masson e altri si assicurarono che i dati venissero inoltrati a sovietici e Alleati occidentali.

Il 9 maggio 1944 Rössler fu arrestato dalle autorità svizzere e accusato di spionaggio a favore di una potenza straniera. Rimase in prigione a Losanna fino al rilascio, il 9 settembre 1944. Il fallimento dell'attentato dinamitardo di luglio contro Hitler portò alla fine della rete «Lucy». Alcuni dei suoi membri erano morti, altri in prigione, e il resto aveva smesso di comunicare.

C'è chi afferma che «Lucy» fosse semplicemente una rete britannica, ricorsa a una via alternativa per comunicare con i sovietici. Ciò è altamente improbabile. Tanto per cominciare i russi ricevevano le informazioni con grande rapidità e venivano a conoscenza dei fatti prima ancora dei britannici. Inoltre le informazioni stesse erano assai più dettagliate di quelle che giungevano in possesso della Gran Bretagna. Un'ulteriore obiezione è rappresentata dal fatto che il Regno Unito comunicava già direttamente con la Russia fin dal giugno 1941, anche se, a causa del rifiuto di Stalin di condividere l'intelligence in suo possesso, nell'estate del 1942 smise praticamente di passarle dati significativi.

Si è anche detto che Rössler non esisteva davvero o che, per lo meno, aveva adottato un'identità fittizia. Questo è assolutamente falso. Vi sono resoconti dettagliati della sua vita prima, durante e dopo la guerra. Era (comprensibilmente) una figura misteriosa e la rete «Lucy» da lui diretta fu tra le più efficaci della storia dello spionaggio. Forse ad avere l'ultima parola sull'argomento è lo storico dello spionaggio Ronald Seth, che ha detto: «Rössler va annoverato tra le più grandi spie di tutti i tempi».

L'AMMIRAGLIO CANARIS ERA UN «DOPPIO AGENTE»?

Il Bendlerblock, a Berlino, sorge in una via che è stata rinominata in onore di Claus von Stauffenberg, uno dei leader del fallito complotto dinamitardo del luglio 1944 per uccidere Hitler. Durante la guerra era stato il quartier generale della marina tedesca, ma alcuni anni fa è divenuto sede del Memoriale della Resistenza, dedicato ai tedeschi che resistettero attivamente al nazismo. Uomini come Stauffenberg sono ormai ben noti e certo non più considerati traditori, benché tali fossero stati ritenuti da molti anche dopo che la guerra era finita da anni.

Un nome brilla per assenza: quello dell'ammiraglio Wilhelm Canaris, capo dell'intelligence militare tedesca. Uomo eccezionalmente scaltro, subdolo e spietato, sembrava sostenere in tutto le politiche di Hitler finché, nel 1937, la sua visione cominciò a cambiare. Comprese che il leader nazista stava mettendo in pericolo la sicurezza della nazione per rischiare un conflitto globale di cui Canaris riusciva solo a intravedere l'inevitabile disastrosa conclusione.

Egli resta una delle figure più controverse ed enigmatiche del Terzo Reich: contribuiva a un'accurata pianificazione e a un'efficiente raccolta di informazioni a sostegno dei piani di Hitler, ma al tempo stesso avvertiva gli Alleati delle intenzioni del Führer attraverso vari canali. Sfruttando la sua posizione di capo dell'intelligence militare, protesse numerosi membri della Resistenza e arrivò a impiegare ebrei come agenti alle sue dipendenze. Chiuse anche un occhio di fronte alle attività di alcuni dei suoi subalterni, che facevano giungere fuggitivi ebrei al sicuro fuori dalla Germania.

Benché fosse un uomo di grande intelligenza, Canaris non era amato; aveva fama di ambizioso, egocentrico, spregiudicato. Lo si accusava persino di aver organizzato (all'epoca della Repubblica di Weimar) l'assassinio di un potenziale concorrente. Non divenne mai un membro del Partito Nazionalsocialista, ma aveva molti amici tra le sue fila. Uno particolarmente stretto era Reinhard Heydrich.

Dopo la nomina a capo dell'intelligence militare nel 1933, Canaris si dedicò a creare una rete di spionaggio in Spagna. In questo gli furono di grande aiuto la sua amicizia personale con Franco e il suo ottimo spagnolo.

L'ammiraglio aveva molti amici ebrei e cercava di salvarne il più possibile. Via via che l'antisemitismo nazista si faceva più virulento, lui diventava più marcatamente antinazista. Già nel 1938 giunse alla conclusione che, se Hitler non fosse stato deposto o eliminato, la Germania sarebbe andata incontro alla rovina. Avvertì il Führer di non invadere la Cecoslovacchia, ma invano. Canaris era bene informato sulla situazione ceca e aveva una sua rete di spie nel paese. Uno dei suoi principali collaboratori fu Oskar Schindler, tedesco dei Sudeti che sarebbe divenuto noto al grande pubblico grazie al film di Steven Spielberg *Schindler's List*. Dopo la conquista nazista del paese Schindler sfruttò i rapporti con Canaris per impiantare la sua rete e redigere una lista di ebrei rinchiusi nei campi di concentramento di Auschwitz, Plaszow e Gross-Rosen, che gli sarebbe servita per salvare migliaia di vite.

L'invasione comunque spazzò via ogni eventuale dubbio che Canaris potesse ancora nutrire sul conto di Hitler. Da quel momento reclutò attivamente nell'intelligence militare il maggior numero possibile di ufficiali antinazisti. Uno dei più importanti fu il generale Hans Oster.

Oster era stato tra i primi a giungere alla conclusione che Hitler doveva essere assassinato. In breve divenne il vice di Canaris e, considerato il suo ruolo nella rete spionistica «Lucy», è possibile ipotizzare che lo stesso Canaris lo avesse autorizzato a passare informazioni. Non lo sapremo mai con certezza, ma è indubbio che l'ammiraglio tentò il più possibile di sabotare i preparativi militari tedeschi e fu costantemente in contatto con cospiratori antinazisti. Rifiutava anche di ammettere nell'intelligence militare da lui diretta membri del Partito Nazionalsocialista.

All'inizio della guerra Hitler nutriva forti speranze che la Spagna avrebbe consentito alle truppe tedesche di varcare il suo territorio per prendere Gibilterra, ma Canaris sfruttò la sua personale amicizia con Franco per recarsi in Spagna e convincerlo a resistere alle pressioni naziste. Se Gibilterra fosse caduta, sarebbe stata una catastrofe per la Gran Bretagna: il Mediterraneo sarebbe stato dominato dalle potenze dell'Asse e i britannici non sarebbero stati in grado di difendere Malta o l'Egitto. Rommel e i suoi soldati avrebbero facilmente ricevuto rifornimenti e tutto il Medio Oriente sarebbe finito sotto il controllo della Germania.

Anche Franco però aveva le sue mire e forse gli effetti di tre anni di guerra civile spagnola lo avevano predisposto alla cautela. Ogni eventuale dubbio da lui nutrito, comunque - Gibilterra era certamente un ghiotto bottino agli occhi della Spagna - fu dissipato dall'eloquente appoggio di Canaris alla neutralità spagnola. Quella fu tra le più importanti azioni intraprese dall'ammiraglio per sovvertire i piani dei nazisti.

Fughe d'informazioni

Nei successivi anni di conflitto Canaris continuò a informare gli Alleati occidentali dei piani segreti tedeschi. Rivelò particolari delle atrocità naziste in Polonia e altrove e si adoperò affinché i piani per l'invasione di Francia, Olanda e Belgio giungessero a conoscenza delle potenze alleate.

Ciò non sfuggì all'attenzione dell'MI6. Sir Stuart Menzies, capo del dipartimento, notò che, a quanto pareva, l'intelligence tedesca stava trasmettendo informazioni riservate al nemico. Potevano mai essere attendibili? Si trattava di una deliberata tattica di disinformazione? La fama di spregiudicatezza di Canaris ne minò la credibilità agli occhi dei servizi segreti britannici e, più in generale, l'idea di un antinazista a capo dell'intelligence militare tedesca sembrava del tutto priva di plausibilità.

Per fugare i suoi sospetti o per altre ragioni non note, Menzies s'incontrò con Canaris in più di un'occasione, in paesi neutrali come Portogallo e Spagna, ma ciò di cui parlarono non è mai stato rivelato. Un'affascinante possibilità è che Canaris sia stato coinvolto in operazioni sotto copertura in collaborazione con l'MI6. Per esempio, nell'attentato del luglio 1944 furono usati esplosivi e detonatori britannici. Canaris sosteneva la necessità di assassinare Hitler fin dal 1938. Discusse forse con Menzies di come eliminare il leader nazista?

Malgrado la sua amicizia con l'ammiraglio, Heydrich cominciò a sospettare che egli non fosse pienamente devoto alla causa nazista, come avrebbe invece dovuto nella posizione che occupava. Quando però Heydrich fu trasferito a Praga, nel 1942, venne ucciso dalla Resistenza cecoslovacca con il supporto dell'intelligence britannica. Canaris era in qualche modo coinvolto in quell'azione? Di certo la morte di Heydrich lo lasciò libero di operare indisturbato per altri due anni.

Arresto ed esecuzione

Il fallimento dell'attentato dinamitardo del 1944 vide i crescenti sospetti che circondavano la figura di Canaris tramutarsi in certezze. Lui e Oster tuttavia non furono arrestati prima della fine di quell'anno, quando vennero condotti nella sede della Gestapo in Prinz-Albrecht-Strasse e brutalmente torturati. Nel febbraio 1945 Canaris e alcuni sodali vennero trasferiti al campo di concentramento di Flossenbürg e il 9 aprile 1945 furono portati fuori dalle loro celle e impiccati.

L'ammiraglio lasciò un messaggio di addio a un compagno di prigionia, l'ex direttore dell'intelligence militare danese, che sopravvisse. Il messaggio diceva: «Non ho tradito la patria. Se resti in vita, dillo, ti prego, a mia moglie».

Non potrebbe esserci per lui migliore epitaffio. Odiava il nazismo e Hitler con passione e riteneva suo dovere di patriota e di tedesco distruggere il Führer. Per lui patriottismo non significava cieca obbedienza a un despota malvagio, ma il tentativo di salvare il paese rovesciando il tiranno e il regime che aveva imposto.

L'uomo che odiava il nazismo? L'ammiraglio Canaris era una personalità assai difficile da decifrare. A capo del controspionaggio tedesco, era egli stesso una spia?

Definire Canaris un doppio agente è semplicistico e fuorviante quanto chiamarlo traditore. Era un uomo posto di fronte a un dilemma morale e credeva fermamente che solo con l'eliminazione di Hitler e del nazismo avrebbe potuto salvare il paese che amava. Nel corso della sua incessante ed efficace opposizione al nazismo dovette compiere azioni che, in tempi normali, non avrebbe mai considerato. Sentiva di servire una più alta istanza morale rivoltandosi contro la leadership della sua nazione e, dall'osservatorio privilegiato della storia, sembra impossibile non concordare con la sua valutazione delle cose. Hitler era, ai suoi occhi, un'aberrazione, l'uomo che aveva sprofondato la Germania e il mondo nell'abisso più oscuro. Solo con la sua morte, con il rovesciamento del suo corrotto regime, la Germania avrebbe potuto riguadagnare statura morale tra le nazioni.

CHI ERA LA «ROSA DI TOKYO»?

Durante la guerra del Pacifico le truppe americane subivano spesso la propaganda radiofonica giapponese, affidata a voci femminili che si esprimevano in lingua inglese. I loro programmi venivano trasmessi da Manila e Shanghai, oltre che da Tokyo, ma nel 1943 tutte le speaker giapponesi si erano ormai guadagnate il nome collettivo di «Rosa di Tokyo». L'effetto di quelle trasmissioni radio sui soldati era trascurabile: quasi tutti ne riconoscevano immediatamente le finalità propagandistiche.

Si è fatta parecchia confusione e forse una deliberata mistificazione riguardo all'identità della «Rosa di Tokyo», sostenendo per esempio che la «vera» Rosa non fu mai catturata e processata, dopo la fine del conflitto. È stata anche presentata come una sorta di fascinosa seduttrice e paragonata a Mata Hari.

Benché non si trattasse in realtà di un singolo individuo, solo una donna venne formalmente processata e condannata per essere la Rosa di Tokyo. Iva Toguri d'Aquino, nata sul suolo americano e figlia di immigrati giapponesi, si trovava in visita a una parente malata in Giappone quando scoppiò la guerra. Cittadina americana e dunque automaticamente sospetta, non poteva più trattenersi sotto il tetto dei familiari né poteva tornare negli Stati Uniti perché i suoi genitori erano stati arrestati e rinchiusi in un campo di internamento. Rimase in Giappone, senza amici e priva di risorse, così quando Radio Tokyo tentò di arruolarla come speaker anglofona non poté far altro che accettare.

Toguti conduceva un programma chiamato *The zero hour* («L'ora zero»), con notiziari tendenziosi, siparietti comici e musica americana. Uno dei soldati che ascoltava il programma fu intervistato anni dopo e osservò: «Molti di noi erano convinti che fosse sempre stata dalla nostra parte».

Alla fine della guerra fu brevemente detenuta dall'intelligence militare americana, ma rilasciata in poco tempo. Allora cercò di rientrare negli Stati Uniti, ma ne seguì una tempesta mediatica. L'FBI fu costretta a indagare sulle sue trasmissioni in tempo di guerra: fu arrestata e processata, con otto imputazioni di tradimento (un reato punito con la pena capitale). Toguri fu assolta da sette delle accuse, ma riconosciuta colpevole di una e condannata alla detenzione. Solo nel 1956 poté uscire di prigione. Nel 1974 il presidente Gerald Ford decise di graziarla, dopo la rivelazione giornalistica che, al processo, alcuni testimoni chiave erano stati indotti dall'FBI a dichiarare il falso.

All'epoca del processo i media identificavano la Toguri come la «Rosa di Tokyo», ma lei ha sempre rifiutato quell'etichetta. L'unico mistero è perché si sia voluto a tutti costi associare il nome a un singolo individuo anziché riconoscergli un'identità «composita».

CHI ERA LA SPIA DI SCAPA FLOW?

Una delle primissime azioni di guerra tra Germania e Gran Bretagna nel secondo conflitto fu un'operazione di sabotaggio navale. La notte tra il 13 e il 14 ottobre 1939 un sottomarino tedesco penetrò in solitaria nella base navale britannica di Scapa Flow, nelle Isole Orcadi. L'U-boot oltrepassò senza intoppi le barriere difensive e affondò la corazzata *Royal Oak*.

Come poté accadere un simile disastro? Fu semplice negligenza o l'opera di una spia che aveva fornito all'U-boot informazioni essenziali sulle misure difensive?

Dopo l'affondamento i tedeschi tennero una conferenza stampa in cui esibirono con orgoglio il capitano dell'U-boot. Egli dichiarò che aveva facilmente eluso gli sbarramenti predisposti a difesa della baia. Il giornalista americano William Shirer, che era presente, commentò: «La negligenza britannica deve essere stata abissale».

Fu il giudizio pressoché unanime all'epoca, ed era in parte giustificato. Le difese a Scapa Flow erano state trascurate e gran parte della rete metallica utilizzata era arrugginita, non più efficace come barriera. Churchill aveva sollevato il problema nel settembre 1939, dopo la sua nomina a Primo Lord dell'Ammiragliato, ma non si era fatto nulla.

Anche l'ammiraglio William French aveva ammonito che un sottomarino sarebbe stato in grado di penetrare le difese di Scapa Flow, ma le sue parole erano state ignorate. All'Ammiragliato tendevano a sottostimare le probabilità che un sommergibile oltrepassasse una barriera considerata impenetrabile. Dubitavano inoltre che i tedeschi fossero a conoscenza del pessimo stato delle strutture difensive a Scapa Flow; neppure il fatto che esisteva un canale transitabile, in cui un sottomarino sarebbe riuscito a navigare, fu debitamente considerato.

L'affondamento della *Royal Oak*

Purtroppo per i marinai di stanza a Scapa Flow, i tedeschi non solo conoscevano i punti deboli della base, ma erano anche al corrente dell'esistenza del canale navigabile. Il 1° ottobre 1939 il commodoro (in seguito ammiraglio) Karl Dönitz chiamò a colloquio un giovane capitano di U-boot a bordo di una nave ancorata nel porto di Kiel. Günther Prien aveva trent'anni e, per dirla con Shirer, era un «fanatico nazista». Dönitz sapeva che era un capitano abile e audace, così gli diede da leggere il dossier su Scapa Flow.

Adolf Hitler saluta Prien dopo il successo della sua azione a Scapa Flow.

Prien lo studiò attentamente per tutta la serata. Come avrebbe detto in seguito: «Affrontai l'intera questione come un problema matematico». Il mattino dopo riferì a Dönitz e accettò di portare a termine la missione.

La notte tra il 13 e il 14 ottobre partì e riuscì a evitare senza intoppi gli scafi affondati che ostruivano il canale di Kirk Sound per impedire l'accesso, riemergendo poco dopo all'interno della base. Dapprima si diresse a ovest, ma non vide traccia di navi britanniche, poi aggiustando la rotta a nord-est avvistò due navi ancorate. Una era la *Royal Oak*.

Per tre volte Prien diede ordine di silurare la corazzata. La prima volta un siluro andò a segno, la seconda volta l'obiettivo venne mancato, la terza fu fatale: tutti e tre i siluri sparati incontrarono il bersaglio. La nave esplose e cominciò ad affondare. La *Royal Oak* trasportava un equipaggio di 1146 membri: 833 furono uccisi in quell'operazione. Con qualche difficoltà, visto che navigava contro forti correnti, Prien riuscì a rientrare sano e salvo. Gli ci erano voluti meno di 15 minuti per affondare una corazzata britannica in una base che si presumeva inespugnabile.

Di chi era la colpa?

Si cercò immediatamente un capro espiatorio per la tragedia. French, che pure aveva segnalato il pessimo stato delle difese di Scapa Flow, fu considerato responsabile di quel fallimento e rimosso. Si biasimò anche il capo dell'MI5 per non essere riuscito a intercettare quella che, secondo l'Ammiragliato, doveva essere stata opera di una rete di spionaggio tedesca nelle Orcadi. Agenti dell'MI5 furono immediatamente spediti a investigare, ma non trovarono prove della presenza di spie naziste.

Nel 1942 il magazine americano «Saturday Evening Post» pubblicò un articolo dell'*émigré* Curt Reiss secondo cui Dönitz era stato informato delle carenze difensive di Scapa Flow dal capitano Alfred Wehring, che si diceva fosse un ex ufficiale navale tedesco della Grande Guerra, stabilitosi in Svizzera dopo la sconfitta della Germania. Lì, secondo Reiss, aveva cominciato a collaborare con l'intelligence tedesca usando la «copertura» di un'attività di gioielliere e orologiaio. Nel 1927 si era trasferito in Gran Bretagna sotto il falso nome di Albert Oertel e quattro anni dopo si era spostato nelle Orcadi. Aveva aperto una gioielleria, ma il suo vero scopo era spiare Scapa Flow per conto dei tedeschi. Le informazioni che inviava in Germania avevano presumibilmente aiutato Dönitz a pianificare il raid. Reiss aggiungeva che Wehring era salito sul sottomarino *U-47* di Prien prima che penetrasse a Scapa Flow, fungendo da pilota e guidandolo lungo lo stretto canale.

Walter Schellenberg, uno dei più stretti collaboratori di Himmler, confermò questa versione dei fatti nella sua autobiografia. Scrisse:

> L'affondamento della nave richiese meno di quindici minuti, ma il successo di quella gloriosa missione si fondava sui quindici anni di paziente, assiduo lavoro di Alfred Wehring.

Anche il rimosso capo dell'MI5 dichiarò che: «I tedeschi avevano ricevuto informazioni aggiornate da una spia».

A prima vista si direbbero prove dirimenti, ma la realtà è più complessa. Va detto che Dönitz, l'uomo che aveva autorizzato la missione di Prien, non fece menzione di alcuna spia nelle sue memorie.

Anche alcuni giornalisti del periodo postbellico indagarono

sulle affermazioni di Reiss e rilevarono che la sua storia mancava di prove concrete a supporto. Egli non citava fonti attendibili e, intervistando gli abitanti delle isole, non era emersa alcuna prova che un uomo somigliante a Wehring/Oertel avesse mai vissuto nella zona. Un residente dichiarò ai giornalisti: «Sono convinto oltre ogni possibile dubbio che un simile personaggio non sia mai esistito e sia solo un'invenzione della stampa».

A rendere ancora più perplessi è il fatto che gli archivi navali tedeschi non contengono alcun riferimento a un capitano Alfred Wehring o a un Albert Oertel.

Qual è dunque la verità sulla «spia di Scapa Flow»? Perché Schellenberg ripeteva il racconto di Reiss nel suo memoriale? Perché l'MI5 era così convinto che spie tedesche dovessero aver scoperto i punti deboli di Scapa Flow e usato le informazioni per compiere il raid di Prien?

Il malriposto senso di sicurezza della marina fu sicuramente una concausa, benché sia stato ingiusto fare di French il capro espiatorio per le cattive condizioni di sicurezza della base, visto che i suoi ammonimenti erano stati ignorati dall'Ammiragliato. La fantomatica «quinta colonna» rappresentata dal Wehring/Oertel di Reiss è un esercizio di giornalismo creativo o un deliberato tentativo di disinformazione dell'intelligence tedesca. Schellenberg era tra i migliori artefici della disinformazione sul fronte tedesco e le sue memorie, comunque pubblicate postume, forse riflettevano semplicemente il desiderio di ostentare l'efficienza della sua rete di spie. Allo stesso modo l'intelligence britannica può aver preferito incolpare una spia tedesca piuttosto che ammettere la propria totale incompetenza e dabbenaggine.

Fatte queste precisazioni, ci fu in realtà un'autentica spia tedesca che diede informazioni alla marina su Scapa Flow: nell'agosto 1939 il capitano Horst Karle fu inviato dai servizi segreti navali tedeschi nelle Orcadi e tornò con un'analisi dettagliata delle difese di Scapa Flow, oltre a riferire voci raccolte tra i locali. Quelle informazioni furono trasmesse all'intelligence navale e costituirono la base su cui Dönitz formulò il suo piano d'attacco. Se qualcuno merita il titolo di «spia di Scapa Flow», Karle è il solo candidato credibile.

L'INGANNO DEGLI SBARCHI DEL D-DAY

È indubbio che gli Alleati fossero assai più sofisticati dei tedeschi e che abbiano avuto molto più successo per quel che riguarda la strategia di disinformazione ai danni del nemico. Nel 1943, per esempio, l'«uomo che non era mai esistito» facilitò l'invasione della Sicilia e contribuì alla disfatta della Germania nella Battaglia di Kursk.

Malgrado quell'assaggio della scaltrezza degli Alleati, i tedeschi si lasciarono nuovamente ingannare nel 1944 a proposito degli sbarchi del D-day. Persino Hitler si rendeva conto che gli Alleati avrebbero invaso la Francia settentrionale, ma era convinto che il suo Vallo Atlantico li avrebbe respinti.

L'Operazione Overlord, il piano alleato per l'invasione del territorio francese, richiese un anno di preparazione. Insieme al complesso e delicato lavoro tattico e logistico si lanciò un'estesa campagna di disinformazione per depistare i tedeschi.

Il compito di architettare l'inganno fu affidato a due importanti funzionari dell'MI5, Thomas Robertson e John Masterman. I due avevano già riscosso uno straordinario successo nel contrastare lo spionaggio nemico e nel 1942 ogni spia tedesca in Gran Bretagna era stata ormai «trasformata» in doppio agente.

I due pianificatori sapevano che l'invasione sarebbe avvenuta da qualche parte tra Cherbourg e Dunkerque. Calais rappresentava la scelta più ovvia: era il punto più vicino alla Gran Bretagna e la distanza più breve da coprire per la flotta, oltre ad avere due grandi porti in acque profonde. Prenderla avrebbe anche spianato la via verso Parigi e il cuore industriale tedesco della Ruhr.

Hitler di certo si aspettava che gli Alleati scegliessero quell'opzione. Disse ai suoi generali: «È qui che il nemico deve attaccare e attaccherà, ed è qui – a meno che tutti i segnali non siano fuorvianti – che si combatterà la battaglia decisiva contro le forze da sbarco».

Non solo Calais era l'obiettivo «previsto», ma era anche pesantemente difesa: già nel luglio 1943 i pianificatori militari alleati avevano concluso che era troppo pericoloso sbarcare lì e che la Normandia settentrionale pareva assai più promettente.

La data originariamente fissata per l'invasione era il 1° maggio 1944, ma il tempo burrascoso sulla Manica costrinse a rimandarla al 6 giugno.

Robertson e Masterman non furono coinvolti nella pianificazione tattica; il loro compito era indurre i tedeschi a credere che l'attacco sarebbe giunto da Calais e attirare perciò le forze tedesche nel punto sbagliato. Si dedicarono inoltre a ingannare il nemico riguardo alla potenza, agli obiettivi e alla tempistica dell'attacco.

I doppi agenti trasmettono falsi dati

Usando un certo numero di doppi agenti, di cui sorprendentemente l'intelligence militare tedesca si fidava senza ombra di dubbio, Robertson e Masterman inondarono il nemico di dati fasulli. Quelle spie erano tra gli elementi più improbabili e dilettanteschi mai reclutati nelle fila dello spionaggio e ciò forse spiega il loro successo.

Due erano donne. Elvira de la Fuente Chaudoir era una peruviana bisessuale che trasmetteva false informazioni a Helmut Bleil, spia tedesca a diretto contatto con Göring; Lucy Sergiyev era una parigina di origini russe. Nutriva un amore ossessivo per il suo cane e quando questo fu investito da un'auto si mise in testa che era colpa dei servizi segreti britannici. La rabbia non la indusse a rivoltarsi contro i suoi datori di lavoro, ma fu probabilmente la meno entusiasta di tutte le spie dell'MI6.

Il pilota polacco Roman Czerniawski inviò in Germania numerose false comunicazioni radio. L'intelligence militare tedesca le leggeva, credendole autentiche, e riteneva le «informazioni» così acquisite del tutto attendibili.

Juan Pujol García era un sognatore catalano che interpellò i britannici per chiedere di collaborare come spia, ma venne rifiutato. Allora si rivolse ai tedeschi per offrire i suoi servigi: i nazisti lo accettarono, ma García non forniva informazioni autentiche: si limitava a dir loro quel che volevano sentire.

Le sue «soffiate» erano così dilettantesche e così spesso sbagliate che, quando all'MI5 ne scoprirono l'identità, commentarono: «È un miracolo che sia sopravvissuto così a lungo». Fu ben presto reclutato dagli inglesi e usato per inviare migliaia di lettere scritte con inchiostro invisibile, nonché migliaia di messaggi radio fasulli. I tedeschi si bevevano senza batter ciglio quella cascata di informazioni fasulle.

Forse il più efficiente di queste spie doppiogiochiste fu il serbo Duško Popov. Per cinque anni si finse un uomo d'affari iugoslavo e viaggiò tra Gran Bretagna e Portogallo. Nell'agosto 1941 i tedeschi erano ormai così soddisfatti dei suoi rapporti che lo mandarono in America. Se quella missione ebbe un esito disastroso, attirandogli i sospetti sia dell'FBI sia dei nazisti, nell'ottobre 1942 Popov era ormai riuscito a convincere del tutto i tedeschi della sua sincerità. Ben presto lo definirono «l'uomo migliore a disposizione dell'Abwehr [l'intelligence militare]».

Nel 1944 Popov fornì ai tedeschi un resoconto dettagliato ma completamente fittizio dei piani degli Alleati. Il suo referente del servizio segreto militare era così colpito che disse con sicurezza a Berlino: «Lo sbarco in Europa occidentale non avverrà fino alla prossima primavera».

L'inganno ai tedeschi

L'intelligence nazista, contando interamente sulle false informazioni che riceveva dai doppi agenti, si convinse che si preparassero attacchi delle forze britanniche a Norvegia e Danimarca e che Calais sarebbe stato il luogo certo dell'invasione in Francia.

Tale convinzione fu anche corroborata dalle manovre fantasma di una fittizia unità militare statunitense agli ordini di Patton. Si diceva inoltre che una altrettanto inesistente Quarta armata britannica si stesse preparando per l'invasione di Danimarca e Norvegia. Finti carri armati e altri espedienti simili ingannarono la ricognizione aerea tedesca, inducendo il nemico a prevedere che l'assalto sarebbe avvenuto ovunque tranne che in Normandia.

Sorprende che i tedeschi, già caduti vittima dell'inganno dell'Operazione Mincemeat nel 1943, si siano fatti raggirare così platealmente riguardo agli sbarchi del D-day. Non avevano spie in territorio britannico, a parte i doppi agenti che collaboravano con il Regno Unito, e non c'è dubbio che sovrastimarono la resistenza del Vallo Atlantico. Calais era certo una destinazione logica per l'attacco degli Alleati, ma i tedeschi avrebbero almeno dovuto considerare qualche alternativa.

Persino dopo lo sbarco sulle spiagge della Normandia, depistati dai dati fasulli che avevano ricevuto dalle spie britanniche, continuarono a considerarlo un raid a scopo diversivo e ad aspettarsi un attacco principale via Calais. Impiegarono sette settimane a comprendere la verità e, a quell'epoca, gli Alleati erano ormai prossimi alla vittoria nella Francia settentrionale.

MORTI O DISPERSI?

11

CHE NE FU DI HERSCHEL GRYNSZPAN?

Herschel Grynszpan aveva appena diciassette anni quando assassinò Ernst vom Rath, diplomatico all'ambasciata tedesca di Parigi. Le ragioni del suo gesto sono controverse e a tutt'oggi non è chiaro se sia sopravvissuto o meno alla guerra.

Era nato ad Hannover, ma la nomina a cancelliere di Adolf Hitler lo aveva trasformato in un profugo. All'età di quattordici anni richiese un visto per la Palestina, ma la domanda fu respinta. I motivi del respingimento sono dubbi: secondo alcuni fu per la sua giovane età, altri citano la sua salute cagionevole. In seguito il ragazzo cercò lavoro come idraulico, ma il crescente antisemitismo tedesco vanificava i suoi sforzi.

A quindici anni tentò di trasferirsi a Parigi: aveva un passaporto polacco e, sentendo che le guardie di confine francesi e tedesche rifiutavano di lasciar passare gli ebrei, decise di entrare nel paese da clandestino. Prima si recò a Bruxelles, dove rimase per alcuni giorni, poi prese il tram che andava da Quiévrain a Valenciennes: gli avevano detto che i passeggeri senza bagaglio erano controllati di rado, così tentò la sorte e giunse in Francia sano e salvo.

Herschel Grynszpan, il giovane tedesco-polacco di origini ebree che sparò a Ernst vom Rath davanti all'ambasciata tedesca a Parigi nel 1938.

Una volta arrivato si diresse a Parigi. Con sgomento constatò che la Francia stava adottando un atteggiamento ostile nei confronti dei rifugiati ebrei e impiegò un anno a tentare di legalizzare la sua permanenza. L'11 agosto 1938 tuttavia, quando la sua domanda fu respinta, gli diedero quattro giorni per lasciare il paese. Fuggì e continuò a vivere nascosto. La polizia francese non riuscì a rintracciarlo, ma Herschel viveva costantemente nel timore della deportazione.

Quando gli scadde il passaporto il giovane, senza un posto dove andare, disilluso e terrorizzato, cercò spasmodicamente una via di uscita. Chi ha studiato il suo caso tende per lo più a ritenere che sia stato spinto ad assassinare vom Rath dagli eventi del tardo ottobre 1938.

I genitori di Grynszpan, suo fratello e sua sorella furono prelevati dalla loro casa di Hannover dai nazisti e mandati nella città di Zbąszyń, sul confine polacco. Il 16 ottobre il governo polacco, a sua volta ferocemente antisemita, aveva emanato un decreto secondo cui a tutti i cittadini ebrei polacchi che vivevano in Germania sarebbe stato revocato il passaporto e negato il diritto di rientrare in Polonia. Non volendoseli ritrovare a migliaia bloccati in Germania, i nazisti si misero freneticamente a deportare tutti gli ebrei con cittadinanza polacca.

Quando quei deportati arrivavano al confine erano accolti con eguale intransigenza dai polacchi. Le autorità del paese rifiutavano di farli entrare ed essi si ritrovavano abbandonati tra le due frontiere. Tra quelle persone c'erano anche i familiari di Grynszpan e fu proprio quando la sorella gli fece sapere della loro situazione che il ragazzo decise di agire.

La sparatoria e l'arresto

Grynszpan sparò a vom Rath due volte all'addome presso l'ambasciata tedesca a Parigi, il 7 novembre 1938. L'uomo morì due giorni dopo. La reazione dei nazisti fu tremenda e immediata: nella notte tra il 9 e il 10 novembre lanciarono il pogrom più spietato che si fosse visto in Germania da secoli: la *Kristallnacht*, la «Notte dei cristalli». Trentamila ebrei furono mandati nei campi di concentramento. Botteghe e aziende vennero saccheggiate e distrutte, molte sinagoghe incendiate. Quella non era la violenza incontrollata di alcuni vandali, ma una brutalità organizzata e diretta dalle SS.

L'assassinio di vom Rath finì in prima pagina, soprattutto in Germania. Goebbels non perse l'occasione di presentarlo come «prova» del «complotto giudaico» e il fatto dominò a lungo sui media tedeschi.

Molti altri paesi riportarono la notizia. Il giornalista americano Quentin Reynolds paragonò Grynszpan a Gavrilo Princip, l'uomo che, uccidendo Francesco Ferdinando, aveva scatenato l'inizio della Prima guerra mondiale. Una settimana dopo l'omicidio la giornalista della CBS Dorothy Thompson riportò la notizia alla radio. Negli Stati Uniti fu lanciata una raccolta fondi a nome di Grynszpan e furono raccolti 30.000 dollari in un mese. La Thompson usò quel denaro per assumere un grande avvocato europeo in sua difesa. Poi l'interesse del pubblico si spense via via che problemi internazionali più urgenti venivano alla ribalta.

Grynszpan fu imprigionato nel carcere minorile di Fresnes, a Parigi, e vi rimase fino alla presa della città da parte dei tedeschi nel giugno 1940. Le autorità francesi poi lo inviarono con altri detenuti nel sud della Francia, ma il treno che li trasportava fu attaccato da aerei tedeschi e nella confusione Grynszpan fuggì.

Curiosamente, fece egli stesso richiesta di essere ammesso in due carceri francesi: uno a Tolosa, l'altro a Bourges. Il primo lo respinse, ma a Bourges lo accettarono come detenuto e il 18 luglio 1940 fu trasferito in Germania. Da quel momento la sua sorte è sconosciuta.

Non molto dopo la fine della guerra, un membro del suo collegio difensivo sostenne che era stato decapitato dai tedeschi subito dopo il trasferimento da Bourges in Germania, nel 1940. Non ci sono prove a sostegno di tale affermazione, che è peraltro chiaramente contraddetta dai registri nazisti.

Quando il prigioniero passò sotto la loro custodia, i tedeschi avevano in programma di farlo deporre in un processo spettacolarizzato che avrebbe «dimostrato» al mondo l'esistenza di una vasta congiura ebraica, interamente responsabile della guerra. C'erano testimoni dell'accusa pronti a deporre ed era stato compilato un ampio dossier di «prove».

Fu persino messa agli atti la linea difensiva di Grynszpan, il quale sosteneva che lui e vom Rath erano stati amanti e che la sparatoria non era stata un atto politico ma un crimine passionale. Era quasi certamente una bugia, ma contribuì a confondere le acque e a ritardare il processo.

Nel 1952 Michael Soltikow pubblicò due articoli su Grynszpan: vi si sosteneva che il giovane era omosessuale e che l'omicidio era stato commesso per motivi passionali più che politici. Poi nel 1957 lo storico Helmut Heiber scrisse un saggio su Grynszpan affermando che era ancora vivo e abitava a Parigi sotto falso nome. Tali dichiarazioni furono riprese dal direttore di un giornale newyorkese e riproposte come la verità dei fatti. In seguito il giornalista di New York cambiò idea e dichiarò semplicemente che la morte di Grynszpan rimaneva un mistero.

Grynszpan sopravvisse?

Il novembre 1959 vide uscire un altro articolo secondo cui Grynszpan era ancora in vita. Per di più, affermava l'autore Egon Larsen, era tornato a Parigi alla fine del conflitto e aveva cambiato nome. Aveva trovato lavoro in un'officina, si era sposato e aveva avuto due figli.

Nel dicembre 1959 la rivista parigina «l'Arche» pubblicò un articolo che confermava la versione di Larsen. Ciò condusse all'assunzione di Andreas Freund della Associated Press, affinché svolgesse ulteriori indagini. Freund scoprì che nessun documento tedesco riportava la morte di Grynszpan; che un parente di vom Rath riteneva Grynszpan ancora vivo, che il governo della Germania Ovest aveva rifiutato di versare un'indennità di riparazione al padre di lui per la morte di suo figlio e che un agente di polizia francese era ancora in contatto con lui.

Il padre nel 1958 aveva davvero chiesto un indennizzo per la morte di Herschel, ma Heiber comunicò al tribunale di Hannover i suoi motivi per ritenere che fosse ancora vivo. Segnalò l'esistenza di rapporti che attestavano la presenza di Grynszpan nel Carcere di Brandenburg nel 1945. Walther Hammer, archivista ad Amburgo, aveva detto a Heiber che Grynszpan era stato trasferito il 20 gennaio da Amburgo a Magdeburgo e un'altra fonte lo aveva informato che Herschel era ad Amburgo.

Anche l'Interpol si interessò al caso e dichiarò: «L'informazione secondo cui Grynszpan potrebbe risiedere ad Amburgo sotto falso nome si fonda su voci non comprovate, riportate da un dipendente delle forze di polizia francesi a Baden-Baden nel 1954. Tale informazione non è mai stata confermata». Il tribunale di Hannover concluse tuttavia che Grynszpan era risce, che essendo morto malgrado il trattamento eccemente favorevole, i suoi carcerieri abbiano tentato di naerne il decesso alle autorità. Ciò renderebbe almeno in ragione di quell'improvviso clima di mistero.

enot probabilmente è nel giusto con le sue supposizioni. È he il giovane sopravvisse due anni, detenuto dai nazisti, nprobabile che sia vissuto oltre. La verità sulla sua sorte be non sapersi mai e il mistero della sua sopravvivenza ua a essere dibattuto.

RTIN BORMANN

poca in cui il Terzo Reich crollò tra le fiamme e il sangue, Bormann aveva fatto di sé l'uomo più potente in Gerdopo il Führer. Aveva scalato tenacemente la gerarchia ito nazista e, dopo il volo di Hess in Gran Bretagna, si cinato al centro del potere.

1945 fu tra i «veri credenti» che rimasero fedeli a Hitall'ultimo. Intrappolato in una Berlino incendiata nbardamenti aerei e circondata dalle truppe sovietiua determinazione non vacillò. Quando Hitler e poi ls si suicidarono nel bunker, Bormann decise di non il loro esempio: pianificò invece di fuggire dalla citnnata e di raggiungere lo Schleswig-Holstein, dove aglio Karl Dönitz era il nuovo presidente di quel che lel Reich.

rima tentò di salvarsi inviando il generale Krebs a nena tregua e offrendo di consegnare la Cancelleria, se ccupanti fosse stato garantito il via libera. Il generale jkov rifiutò di dare garanzie, insistendo per la resa onata.

probabilmente morto e Heiber finì per a
sua sopravvivenza.

L'indagine forse più completa sulla
sa dal medico francese Alain Cueno
Grynszpan fosse ancora vivo nel 194
morto poco tempo dopo. Cuenot otte
da Fritz Dahms, ex dipendente del M
ri e tra i principali funzionari nazisti
Grynszpan. Dahms gli disse:

> La morte di Grynszpan è avvenut
> della guerra, ma non sono più in gra
> per cause naturali. All'epoca, il Minis
> ricevette informazioni dettagliate su

Cuenot fa notare come ci sia d
del 1942, per il programmato proce
quell'anno.

> Se Grynszpan fosse sopravvissuto
> parrebbe piuttosto insolito che non
> documenti a quelli già raccolti.

C'è anche il fatto che Grynsz
ne durante la detenzione. Riceve
condizioni erano confortevoli. Se
porre come «principale attrazion
oltre all'interesse personale di Hi
improbabile che tentassero di uc
il giovane probabilmente morì c
l'improvvisa mancanza di docur

sugge
ziona
scon
parte
Cu
certo
ma è i
potreb
contin

MA

All'
Martin
mania
del Par
era avv
Nel
ler fin
dai bon
che, la
Goebbe
seguire
tà cond
l'ammin
restava
Dapp
goziare
ai suoi o
russo Ču
incondiz

Un combattuto Bormann decise allora di oltrepassare le linee nemiche e tentare di raggiungere Dönitz. Alle 16.30 del 1° maggio 1945 propose il piano agli altri occupanti del bunker. I più lo liquidarono come irrealizzabile, ma alcuni decisero di correre il rischio.

Alle 20.00 di quella stessa sera un piccolo gruppo, di cui Bormann faceva parte, lasciò la Cancelleria del Reich scalando precariamente i mucchi di macerie e passando accanto a scene di morte e di devastazione. Avanzarono cauti e arrivarono fino al Ponte di Weidendammer. Il loro intento era di attraversare la Sprea e dirigersi a nord-ovest, verso lo Schleswig-Holstein.

Ciò che avvenne dopo è fortemente dibattuto. Due dei so-

Martin Bormann (a destra) cammina accanto a Hitler e a Joachim von Ribbentrop presso la Tana del lupo, nella Prussia orientale. I gerarchi nazisti dovevano passare da Bormann per arrivare a Hitler: una procedura che lui rendeva di proposito frustrante.

pravvissuti hanno dato versioni del tutto diverse degli eventi di fronte al Tribunale di Norimberga. Erich Kempka, autista di Hitler, dichiarò:

> Arrivarono diversi carri armati, seguiti da veicoli di trasporto corazzati. I carri sfondarono il blocco stradale sul ponte. Bormann era giusto dietro il primo, che divenne un bersaglio: fu colpito da un missile anticarro sparato da una finestra e saltò in aria. Nel punto in cui era stato Martin Bormann c'era soltanto una palla di fuoco.

La deposizione di Kempka è contraddetta dalla testimonianza di un altro membro del partito, il leader della gioventù hitleriana Artur Axmann, secondo cui:

> Il Tigre, carico di munizioni, esplose. Io mi rifugiai d'istinto nel cratere di una bomba e così fecero molti altri. Bormann era lì, insieme al chirurgo di Hitler, il dottor Stumpfegger, al Segretario di stato Naumann, a Schwägermann [l'assistente di Goebbels] e al mio assistente, Weltzin. Erano tutti illesi. Sedemmo nel cratere e cercammo di escogitare il modo migliore per andarcene da Berlino.

Secondo Axmann il gruppo era riuscito ad arrivare alla Stazione di Lehrte, scoprendo però che pullulava di soldati sovietici. Aggirandoli si erano diretti nel quartiere Moabit. Così prosegue il suo racconto:

> Ripercorrendo la Invalidenstrasse ci ritrovammo sotto un fuoco incrociato. Poco dopo avere attraversato i binari della Lehrter Bahnhof, vedemmo due uomini stesi sul terreno: erano

Martin Bormann e il dottor Stumpfegger. Impossibile sbagliare: li vedevamo chiaramente in faccia.

Kempka e Axmann dichiararono entrambi che Bormann era morto, anche se ciascuno diede un resoconto diverso della sua dipartita. Kempka ha reso testimonianza di molti eventi e in generale si è dimostrato attendibile; le dichiarazioni di Axmann, nazista di grado assai superiore, si sono dimostrate talvolta inaffidabili. Il solo testimone a convalidare la sua deposizione era Weltzin, che poi morì in un campo di prigionia sovietico. Nel complesso, se Bormann perse la vita quel giorno, il racconto di Kempka sembra la versione più plausibile dei suoi ultimi istanti.

Altri testimoni hanno dichiarato di aver visto i due corpi menzionati da Axmann. Entrambi furono sepolti l'8 Maggio: uno fu identificato come Stumpfegger attraverso i documenti ritrovati sui suoi abiti, ma i testimoni non furono in grado di dare un'identità al secondo.

Per anni si è anche ipotizzato che Bormann fosse sopravvissuto. Generalmente queste teorie lo collocano in America meridionale, con Brasile, Argentina e Paraguay come luoghi di residenza più probabili nel periodo postbellico.

Come i vari resoconti della sua morte, anche le ipotesi sulla sua sopravvivenza si contraddicono a vicenda. Jakob Glas, il suo autista, sosteneva di averlo visto vivo in Germania sul finire del 1945, mentre l'ex capitano dell'esercito britannico Ian Bell, indagatore di crimini di guerra, affermò che aveva visto Bormann salire su una nave a Bari. Quando informò i suoi superiori questi gli dissero di seguirlo, ma lo avvertirono: «Non lo arresti».

Reinhard Gehlen, ex nazista e capo dell'intelligence nella Germania Ovest postbellica, sostenne che Bormann era fuggito in Paraguay, ma lo storico Ladislas Farago disse che era andato in Argentina ed era attivamente sostenuto dal regime di Perón. Una storia completamente diversa racconta Christopher Creighton, ex funzionario dell'intelligence navale britannica, secondo cui Ian Fleming fu parte della «Op JB», un'operazione clandestina volta a far sparire Bormann da Berlino nel 1945.

Anche Simon Wiesenthal, l'instancabile cacciatore di nazisti, restò convinto fino al 1972 che Bormann fosse scappato. Dichiarò ancora nel 1966 che era «vivo e risiedeva sul confine tra Cile e Argentina, usando il nome di Ricardo Bauer».

Possibile coinvolgimento degli Stati Uniti

L'Operazione Paperclip fu un progetto lanciato al termine del conflitto per reclutare ex scienziati nazisti e giapponesi al servizio di America e Gran Bretagna. I prescelti ricevevano spesso una nuova identità prima di passare alle dipendenze dei nuovi datori di lavoro. Anche i russi attrassero ex nazisti nella loro sfera d'influenza.

L'idea è che Bormann, troppo famigerato per essere reclutato apertamente al pari di uomini come von Braun, fosse stato portato al sicuro in segreto e fornito di una nuova identità, mentre si divulgava un falso resoconto della sua morte. Il tutto può apparire plausibile, ma la teoria pone in realtà seri problemi.

Innanzitutto Bormann era tra i nazisti che avevano sparso più sangue ed è quasi inconcepibile che sia stato consapevolmente tratto in salvo così senza batter ciglio. Persino Stalin, pur convinto che Hitler potesse essere sopravvissuto alla guerra, non disse lo stesso di Bormann.

In ogni caso è dubbio che Bormann avesse molto da offrire agli Alleati in cambio della vita. A differenza di Dornberger, von Braun e altri nazisti reclutati attraverso l'Operazione Paperclip, non era uno scienziato e non aveva contributi di interesse da proporre. Essenzialmente era stato un funzionario idolatrato che aveva goduto di un eccessivo potere sotto la caotica leadership di Hitler.

Contro questo giudizio si sollevano in genere due obiezioni, nessuna delle quali è debitamente documentata. La prima è che Bormann gestiva le finanze naziste e aveva accesso al tesoro trafugato, alle riserve d'oro e ad altri beni. Si dice che li abbia offerti agli americani in cambio della salvezza.

L'altra obiezione è ancor più peregrina e afferma che Bormann avrebbe ceduto agli Stati Uniti l'uranio arricchito tedesco sull'U-boot *U-234*. Si dice anche che abbia consegnato loro alcuni segreti atomici della Germania e forse persino un'arma nucleare funzionante.

A sostegno di questa teoria si citano due fatti. Uno si richiama a una lista di scienziati tedeschi e austriaci compilata dal comandante della sezione scientifica della Gestapo Werner Osenberg. Il capitano della marina degli Stati Uniti, Ransom Davis, usò l'elenco di Osenberg come base per il reclutamento di scienziati nell'Operazione Paperclip.

Osenberg era stato catturato nel 1945 e imprigionato in Germania, ma ben presto trasferito in Francia. Lì aveva collaborato con gli Alleati, fornendo nomi di studiosi il cui arruolamento avrebbe potuto essere utile.

Si ipotizza dunque un coinvolgimento di Bormann in quanto avrebbe avuto accesso ai dossier citati da Osenberg. Bormann era anche vicino a Gehlen, capo dell'intelligence della Germania Ovest nel periodo postbellico, e al colonnello delle SS Otto Skorzeny.

Si è notato come le campagne militari del generale Patton contro progetti segreti nazisti fossero talmente precise che le informazioni in suo possesso dovevano necessariamente provenire da una fonte «interna»: questa avrebbe ben potuto essere Martin Bormann.

Una seconda argomentazione a favore dell'idea è il fatto che il fisico tedesco Rudolf Fleischmann fosse volato in America per essere interrogato non molto prima che gli Stati Uniti sganciassero la bomba atomica su Hiroshima. Perché la sua consulenza era richiesta con tanta urgenza? C'erano problemi dell'ultimo momento con il Progetto Manhattan?

È altamente probabile che la lista di Osenberg sia servita da riferimento nell'Operazione Paperclip per reclutare scienziati tedeschi e Bormann ne avrebbe conosciuti quasi certamente i contenuti, ma tutto ciò è irrilevante in merito alla questione della sua sopravvivenza. Lo stesso vale per l'improvviso viaggio in America di Fleischmann: le sue competenze non hanno alcun rapporto con le vicissitudini di Bormann. Per quanto questi fatti siano interessanti, non appaiono rilevanti per quel che riguarda la sua sorte.

La pista sudamericana

Nel 1972 a Berlino si è ritrovato un teschio che è stato attribuito a Bormann. È stato rinvenuto in un cantiere edile, a pochi metri dal punto in cui il postino in pensione ed ex soldato Albert Krumnow sosteneva di averlo seppellito. Confrontando il reperto con le cartelle odontoiatriche del gerarca nazista si è confermato che era in effetti quello di Bormann.

C'erano schegge di vetro conficcate nella mascella e tracce di acido prussico, a suggerire che avesse spezzato con i denti e ingerito una fialetta di veleno. In altre parole, si era suicidato come Hitler, Eva Braun, Goebbels, Himmler e Göring. Forse

Kempka e Axmann sapevano che si era ucciso e preferirono attribuirgli una morte più eroica.

Un tribunale della Germania Ovest ha dichiarato Bormann ufficialmente morto nel 1973 e per molti, Wiesenthal compreso, ciò ha posto fine alle speculazioni su una sua possibile sopravvivenza. Poi nel 1998 si è effettuato un test del DNA mitocondriale sul cranio, con ulteriore conferma dell'appartenenza a Bormann. I risultati del test sono stati pubblicati nel 2003.

Alcuni però ritenevano che quel teschio sollevasse più interrogativi di quanti ne risolvesse. Dov'erano gli altri resti di Bormann? Perché c'era voluto così tanto per trovarlo? Perché si era effettuato solo il test del DNA mitocondriale anziché un profilo genetico completo?

C'erano poi due fatti davvero sconcertanti. Uno era che il cranio presentava tracce di otturazioni dentarie che sfruttavano tecniche entrate in uso solo dopo gli anni Cinquanta; il secondo era che la calotta cranica mostrava incrostazioni di un'argilla rossa non originaria della Germania, ma comune in certe zone del Paraguay.

Questi risultati lasciano effettivamente perplessi. Da una parte inducono a ritenere che il cranio sia di Bormann e l'evidenza del suicidio con l'acido prussico suffraga l'idea che sia morto nel 1945; dall'altra le anomalie evidenziate suggeriscono che potrebbe essere sopravvissuto e avere trascorso almeno parte della sua esistenza in Paraguay, forse morendo lì. Può darsi che sia deceduto nel 1972 e che qualcuno abbia provveduto a ricollocare il cranio in Germania.

I resoconti sulla sua morte sono contradditori, ma lo sono anche le testimonianze della sua sopravvivenza. È indubbio che alcuni nazisti si rifugiarono in America meridionale, dove molti paesi possedevano da tempo comunità di origine tedesca.

La situazione politica era spesso instabile: il Paraguay, sotto il presidente Stroessner – il suo stesso nome tradisce l'ascendenza tedesca – era una brutale dittatura militare. Il suo governo aveva marcate simpatie filonaziste e non fece alcuno sforzo per respingere i criminali di guerra in altri paesi, perciò Bormann sarebbe stato accolto a braccia aperte e del tutto al sicuro laggiù.

Nel 1964 Reinhard Gehlen trasmise un documento a un ministro dell'interno paraguaiano: affermava che Bormann era morto di cancro ad Asunción nel 1959, dopo essere stato assistito dal dottor Josef Mengele. Alla sua morte venne sepolto a Ita, in una tomba senza nome.

David Irving ha anche rilevato il fatto che i contenuti del soprabito di Bormann erano stati rubati da soldati sovietici e che erano poi riaffiorati in Russia. Il cadavere accanto a Bormann era certamente quello del suo compagno di fuga Stumpfegger.

Le probabilità pendono tuttora in favore del decesso nel maggio 1945, ma gli elementi dubbi bastano a rendere possibile ch'egli sia stato l'unico tra i massimi dirigenti nazisti a eludere la morte o la cattura. Probabilmente non conosceremo mai con certezza la sua sorte.

ADOLF HITLER

Da più parti si è sostenuto che Hitler sia riuscito a sopravvivere, malgrado il fatto che testimoni abbiano visto il suo corpo senza vita e lo abbiano distrutto. La maggior parte delle teorie su una sua fuga dalla Germania lo colloca in America meridionale, benché durante la Prima guerra del Golfo un esercizio di fantagiornalismo abbia «riportato» che si trovava in Iraq ad «assistere Saddam Hussein»!

Ci sono tre principali argomentazioni a favore della sua sopravvivenza. Una s'impernia sulla reazione di Stalin, il quale, dopo aver inizialmente dichiarato che i resti trovati a Berlino erano quelli di Hitler e di Eva Braun, annunciò in seguito che non lo erano. È indubbio però che Stalin avesse ragioni squisitamente politiche per creare un'aura di mistero sul tema della morte del Führer e i ricercatori seri in materia concordano nell'affermare che il leader nazista si sia suicidato nel 1945.

Altre due fonti sostengono la teoria della «sopravvivenza». La prima è una serie di dossier dell'FBI recentemente divulgati secondo cui Hitler avrebbe simulato la morte e sarebbe fuggito in America meridionale.

Uno di questi documenti è la lettera di un «informatore» a un reporter del «Los Angeles Examiner» che conteneva l'informazione di terza mano secondo cui «Hitler e i suoi» erano sbarcati da due sottomarini in Argentina circa due settimane e mezzo dopo la caduta di Berlino». Quando il reporter tentò di approfondire la notizia tuttavia non riuscì a farlo: l'«informatore» era svanito nel nulla e un successivo controllo tramite polizia e ufficio immigrazione (l'uomo si era presentato come un esule argentino) non rivelò alcuna traccia della sua esistenza. Questa vicenda dimostra però che l'FBI ha seguito una pista e non ha trovato nulla.

La tempistica suggerita per il presunto sbarco dei sottomarini – due settimane e mezzo dopo la caduta del Reich – esclude *U-530* e *U-977*, i due unici sottomarini nazisti che non si erano arresi alla fine della guerra ed erano ricomparsi in Argentina mesi più tardi. È chiaro che la notizia è un pezzo sensazionalistico senza alcun fondamento.

L'altra argomentazione sostiene che una fotografia mostra Hitler in Brasile (dove vivrebbe sotto lo pseudonimo di Adolf

Leipziger) in compagnia della sua compagna, dal sospetto nome di «Cutinga». La foto è di pessima qualità ed è quasi impossibile distinguere i volti dei soggetti. Non pare un caso che sia stata «scoperta» proprio mentre la donna che l'aveva «trovata» stava cercando di far pubblicare il suo libro sul dittatore. Come prova non ha alcuna attendibilità.

Ogni «avvistamento» di Hitler catalogato dall'FBI si è rivelato un vicolo cieco, anche se il bureau ha chiaramente preso sul serio le segnalazioni e le ha indagate a fondo. Non si è mai trovata alcuna prova dirimente della sopravvivenza del Führer.

Anche la CIA ha preso parte alle ricerche e, secondo un suo memorandum recentemente declassificato, un ex soldato tedesco avrebbe detto a un agente in Venezuela che aveva «incontrato un individuo fortemente somigliante al Führer che sosteneva di essere Adolf Hitler». Un altro memorandum della CIA afferma che, standο allo stesso «informatore», Hitler usava il nome di Adolf Schrittelmayor e che era «partito per l'Argentina» nel gennaio 1955.

La risposta della CIA è rivelatrice: gli scrisse che né l'agente contattato né l'agenzia erano «nella posizione di fornire una valutazione intelligente dell'informazione», che sarebbe stata comunque «inoltrata in quanto di possibile interesse». Insomma, la «prova» si riduce alle dichiarazioni non suffragate di una persona che disse a un agente di aver incontrato Hitler. Tale informazione non è mai stata convalidata dall'agenzia né da altre fonti.

C'è anche il problema fondamentale dell'indole di Hitler. È possibile immaginare uomini come Bormann rassegnarsi a una vita anonima in esilio, ma un Adolf Hitler avrebbe trovato impossibile contenersi, rimanere in silenzio. Comunque alla fine della guerra era in condizioni di salute così critiche che non avrebbe potuto sopravvivere fino agli anni Ottanta o Novanta, come sostiene qualche tesi particolarmente fantasiosa.

Nel caso di Bormann c'è qualche motivo di dubitare del decesso nel maggio 1945, benché le probabilità siano maggiormente a favore di questa ipotesi. Con Hitler invece è un'altra storia: se la questione della sua ipotetica sopravvivenza è un buon combustibile per le teorie del complotto, è però del tutto priva di credibilità. Il fondatore e distruttore del Terzo Reich è morto quasi certamente per propria mano nel bunker di Berlino.

HANS KAMMLER

Se si può concedere qualche plausibilità alla questione della sopravvivenza di Bormann, non c'è alcun ragionevole dubbio sul fatto che Hitler sia perito nel bunker al termine dell'aprile 1945. Nel caso del generale delle SS Hans Kammler è invece decisamente possibile che sia sopravvissuto alla fine della guerra.

Come per Bormann, i resoconti della presunta morte nel maggio 1945 sono incoerenti, contraddittori, e il corpo non è mai stato ritrovato. Kammler era un ingegnere civile, con la principale responsabilità di progettare edifici. Era fortemente nazionalista e il 1° marzo 1932 entrò nel Partito Nazionalsocialista. Quando Hitler divenne cancelliere Kammler cominciò a gestire i progetti dell'edilizia nazista.

Nel maggio 1933 entrò nelle SS, dove godette ben presto del favore di Himmler. Fece rapidamente carriera all'interno dell'organizzazione e nel giugno 1941 gli fu affidato il compito di costruire, sviluppare e ampliare i campi di concentramento, il che includeva l'esigenza di dotarli di camere a gas e forni crematori. Sovrintese anche alla costruzione di strutture sotterranee per i missili V-2 e i jet Me-262 a Mauthausen e della incompiuta rete di gallerie tra i monti della Slesia.

Fece ampio uso di manodopera ridotta praticamente in condizioni di schiavitù, soprattutto dopo il 1941, ed ebbe sotto il suo controllo fino a 4 milioni di «lavoratori». Quando questi erano troppo malati e sfiniti per proseguire, Kammler semplicemente li uccideva. Fu elencato dagli Alleati tra i criminali di guerra più ricercati.

Le sue tracce si fanno confuse dall'aprile 1945. Il 4 aprile le truppe britanniche presero un bunker sotterraneo vicino a Lubecca, dove trovarono veicoli militari abbandonati e, secondo alcune fonti, il corpo di Kammler.

Quel cadavere però non poteva essere di Kammler, che si incontrò con Speer il 13 aprile e continuò a emanare ordini fino alla fine del mese.

Una seconda versione afferma che Kammler morì nel maggio 1945 in un bunker di Praga che era stato preso dai partigiani cechi, un'altra sostiene che ordinò al suo aiutante di spararglì o si uccise da solo, un'altra ancora lo pone a Praga, specificando però che riuscì a fuggire il 9 maggio con un gruppo di nazisti. Quasi tutti – così vuole la storia – si arresero alle forze americane a Písek, nella Cecoslovacchia meridionale, ma Kammler preferì suicidarsi con il cianuro o sparandosi.

Quest'ultima versione è suffragata dalla testimonianza del suo autista, Kurt Preuk, che rilasciò una deposizione giurata a un tribunale di Berlino per conto della moglie di Kammler. La donna aveva richiesto che il marito fosse dichiarato ufficialmente morto. Preuk sostenne che aveva accompagnato Kammler fuori Praga e che il 9 maggio aveva ricevuto ordine di abbandonare la strada e addentrarsi in un bosco, dove il suo passeggero si era sparato. Preuk e altri avevano seppellito il corpo e proseguito il viaggio. Il tribunale berlinese accettò la dichiarazione di Preuk e il 7 settembre 1948 dichiarò Kammler ufficialmente morto.

Questa parrebbe una prova conclusiva, ma in seguito Preuk ha contraddetto la sua deposizione giurata. Nel 1959 ha dichiarato che Kammler era morto «il 10 maggio 1945 o intorno a quella data» e di non esser certo della causa del decesso; poi nel 1965 Heinz Zeuner, SS che era anche tra gli autisti di Kammler, affermò che la sua morte era avvenuta per assunzione di cianuro il 7 maggio 1945. A complicare ulteriormente la faccenda, alcuni ricercatori tedeschi hanno scoperto negli archivi governativi nuove informazioni.

Il materiale riguarda Zeuner e un altro degli autisti di Kammler, l'SS Friedrich Baum. Zeuner sostiene che, quando i partigiani cechi insorsero a Praga, il 6 maggio 1945, attaccarono l'auto di Baum ferendolo al ginocchio sinistro. Entrambi riuscirono comunque ad arrivare al sicuro, ma Baum dovette farsi ricoverare in ospedale a Praga. Alcuni giorni dopo i partigiani occuparono l'ospedale e lo uccisero.

Altri documenti fanno riferimento alla morte del sergente Friedrich Baum, del parco macchine di Berlino. A quanto pare era stato ricoverato in ospedale a Gmunden, in Austria, il 23 maggio 1945 e secondo gli archivi era stato ferito al ginocchio a Praga, il 4 maggio 1945. Poi la gamba gli si era infettata e si era dovuta amputare. Morì in ospedale il 29 maggio e fu sepolto in un cimitero militare.

Questa versione degli eventi pone due problemi. Uno è che gli archivi dell'esercito tedesco non riportano alcun sergente Friedrich Baum, ma ciò si spiega facilmente perché, come molti membri delle SS, Baum potrebbe aver finto di essere un semplice soldato. Maggiori difficoltà insorgono con la natura della sua ferita. Zeuner e altri testimoni menzionano l'assalto all'automobile a Praga e tutti sostengono che Baum era stato ferito al ginocchio sinistro, ma dalla cartella ospedaliera risulta che la lesione fosse al destro e che gli sia stata amputata la gamba destra.

Kammler fu reclutato dagli Stati Uniti?

Qualunque sia la verità su Baum, Kammler certamente svanì nel nulla. La cosa più sorprendente – da cui si potrebbe evincere che sia stato «fatto scomparire» dagli Alleati nell'ambito dell'Operazione Paperclip – è che sembrò svanire anche dall'attenzione degli Alleati stessi. Un attimo prima era al terzo posto nell'elenco dei criminali di guerra più ricercati e un attimo dopo non c'era più traccia di lui nella documentazione dei Processi di Norimberga.

Kammler sembra un candidato improbabile per l'Operazione Paperclip. Non era uno scienziato e non aveva molto da offrire agli Alleati in cambio della salvezza. Era piuttosto un burocrate che sovrintendeva a vasti progetti di costruzione. Forse, a dispetto della brutalità dei suoi sistemi schiavisti, apparve semplicemente di importanza trascurabile rispetto ad altri capi nazisti, a fine conflitto. O forse invece sapeva ben più di quanto si presume.

L'idea che sia stato fatto sparire dagli Alleati è resa più credibile dalla testimonianza di John Richardson – figlio di Donald Richardson, un consigliere personale di Eisenhower – e da archivi americani recentemente declassificati. La possibilità che sia sopravvissuto è stata esaminata in un documentario televisivo e gli storici Rainer Karlsch e Mathias Uhl sono convinti che la tesi rispecchi la realtà di ciò che è avvenuto.

Queste fonti sostengono che gli americani lo abbiano preso prigioniero e che i CIC (Counter Intelligence Corps, agenzia di controspionaggio) lo abbiano interrogato. Donald Richardson era incaricato del debriefing. Nel documentario John Richardson ha rivelato che suo padre aveva ricevuto il compito di far sparire Kammler fuori dalla Germania e di dargli una nuova identità. Come ha dichiarato:

> L'ingegnere portò un tesoro particolarmente prezioso dal Terzo Reich negli Stati Uniti. Ci offrì delle armi moderne.

Nel programma si è ipotizzato che le varie storie sulla morte di Kammler fossero deliberatamente falsate dagli Alleati e che le diverse versioni del suo suicidio avessero lo scopo di confondere ulteriormente le acque. La sua conoscenza delle armi segrete tedesche lo rendeva una preda ambita agli occhi degli americani.

I resoconti relativi al suo decesso sono sicuramente incoerenti e vaghi; Zeuner e Preuk si contraddicono entrambi, raccontando la propria versione. È possibile che il Baum deceduto all'ospedale di Gmunden sia stato Kammler travestito da soldato e sotto il nome del suo autista.

E Kammler può ben essersi sparato o avvelenato; può essersi fatto sparare dal suo assistente, può essere morto in ospedale per le ferite o fuggito in un luogo sicuro: sono tutti scenari verosimili, ma alla luce delle recenti rivelazioni la teoria dell'Operazione Paperclip è forse quella maggiormente plausibile. Se fuggì, fu in grado di svanire nell'anonimato come avevano fatto Eichmann e Mengele; se morì, le circostanze del decesso restano poco chiare e il luogo della sepoltura sconosciuto. La vera sorte dello schiavista Kammler rimarrà probabilmente un mistero.

HEINRICH MÜLLER

Heinrich Müller era il temuto capo della Gestapo, un poliziotto di carriera che era stato reclutato da Heydrich e che divenne uno dei membri più influenti e spietati della polizia segreta tedesca. Era tra i partecipanti della famigerata Conferenza di Wannsee del 1942, dove fu presentata alla leadership nazista la Soluzione Finale, lo sterminio degli ebrei. Fino al 1942 riferì direttamente a Heydrich e poi, dopo l'uccisione di quest'ultimo, a Himmler.

Müller è stato definito dal professor Johannes Tuchel un «burocrate». Come Eichmann si limitava a eseguire ordini superiori. Nel corso della sua «carriera» sotto i nazisti è stato «responsabile di crimini di massa e fortemente implicato nell'Olocausto, era presente alla Conferenza di Wannsee e responsabile delle uccisioni di massa di prigionieri di guerra sovietici».

Fu certamente ricercato dagli Alleati, ma il suo ultimo avvistamento è avvenuto nel bunker di Berlino due giorni dopo il suicidio di Hitler. Da quel momento in poi è svanito. Molti hanno ipotizzato che sia fuggito perché non si è trovata traccia del suo cadavere e non ci sono testimonianze della sua morte.

Le ricerche di Tuchel tuttavia hanno portato alla luce una prova fondamentale. Alla fine della guerra un becchino seppellì un uomo in uniforme nel cimitero ebraico del Mitte. Quando Tuchel ha confrontato la documentazione e le decorazioni trovate sul corpo con archivi tedeschi e dossier della CIA ha constatato che corrispondevano ai dati di Müller.

Il cimitero ebraico di Berlino ospita la tomba del famoso pensatore illuminista tedesco Moses Mendelssohn, che era stata vandalizzata dai nazisti. Molte vittime dei raid aerei alleati furono sepolte in fosse comuni e oggi il cimitero è un memoriale e un luogo di pellegrinaggio. C'è una sorta di macabra ironia nel fatto che il luogo dell'ultimo riposo di uno degli artefici della Shoah sembri essere all'interno di un cimitero ebraico.

In assenza di un test del DNA, la morte di Müller non sarà mai dimostrata con certezza. Tuchel però ha mostrato, documenti alla mano, che la sua fine giunse con ogni probabilità nelle fasi conclusive della guerra e che egli giace verosimilmente in una fossa comune nel cimitero ebraico di Berlino. La religione ebraica vieta di riesumare i cadaveri, dunque probabilmente rimarrà lì.

RAOUL WALLENBERG

Raoul Wallenberg era un diplomatico e un uomo d'affari svedese che durante la guerra salvò la vita a migliaia di ebrei ungheresi. Dal 1938 in poi, sotto la dittatura dell'ammiraglio

La foto del passaporto di Raoul Wallenberg, architetto, uomo d'affari e diplomatico svedese che salvò migliaia di ebrei dalla Shoah. La fotografia qui riprodotta è stata scattata nel giugno del 1944.

Miklós Horthy, l'Ungheria aveva promulgato varie leggi che ponevano restrizioni alla partecipazione degli ebrei alla vita politica, imponevano loro quote rigorose per accedere a determinate professioni e proibivano il matrimonio tra ebrei e non ebrei. Quelle misure creavano difficoltà per il partner d'affari di Wallenberg in Ungheria, Kálmán Lauer, così Wallenberg si ritrovò costretto ad agire in suo favore e si recò più volte nel paese. Ben presto imparò a parlare correntemente ungherese e riuscì a costruirsi una rete di contatti.

Malgrado le sue politiche antisemite, Horthy non aveva introdotto nel suo paese gli orrori della Soluzione Finale e, dopo la sconfitta tedesca a Stalingrado, diede inizio a segreti colloqui di pace con la Gran Bretagna e gli Stati Uniti. Ciò fece infuriare Hitler, che occupava il paese e mise Horthy agli arresti domiciliari. Fu allora insediato un fantoccio più manovrabile, mentre il reale potere era detenuto dal governatore militare tedesco Edmund Veesenmayer, un ufficiale delle SS.

Nell'aprile 1944 Veesenmayer cominciò a deportare gli ebrei ungheresi nei campi di sterminio in Polonia. Eichmann era il principale organizzatore delle deportazioni e raggiunse un totale di 12.000 ebrei al giorno.

A Wallenberg fu allora richiesto di rappresentare la Commissione rifugiati di guerra in Ungheria. Dietro pressioni degli americani il governo svedese lo assegnò alla propria ambasciata a Budapest e nel luglio 1944 egli si recò a occupare la nuova posizione.

I «passaporti Wallenberg»

All'epoca Eichmann aveva già deportato 400.000 ebrei ungheresi, la maggior parte dei quali fu mandata ad Auschwitz e sterminata. C'erano però ancora 230.000 ebrei in Ungheria e Wallenberg si dedicò a fare il possibile per salvarli. Emetteva passaporti falsi che identificavano i possessori come cittadini svedesi (dunque non soggetti agli ordini di deportazione) e pagò tangenti a funzionari ungheresi e tedeschi per permettere ad altri ebrei di fuggire.

In seguito affittò trentadue edifici a Budapest, dichiarando che erano parte dell'ambasciata svedese e dunque protetti dall'indennità diplomatica. Targhe con la scritta «Istituto di ricerca svedese» o «Biblioteca svedese» furono affisse sulle porte e bandiere svedesi appese sulle facciate. Quei luoghi divennero ben presto il rifugio di 10.000 ebrei.

Wallenberg arrivò persino a salire sul tetto di un treno carico di ebrei in procinto di essere deportati ad Auschwitz e a distribuire i suoi lasciapassare ai passeggeri, con i nazisti, sotto, che gli intimavano di scendere. Poi gli ungheresi gli spararono contro, ma lui continuò imperterrito a distribuire i documenti. Tedeschi e ungheresi furono così colpiti dal suo coraggio che gli permisero di continuare fino all'ultimo pass. A quel punto ordinò a tutti i possessori di lasciapassare svedese di scendere dal treno e di arrivare a piedi a un gruppo di auto nelle vicinanze.

Il 29 ottobre 1944 truppe sovietiche al comando del maresciallo Rodion Malinovskij attaccarono Budapest e alla fine di dicembre la città era ormai accerchiata. Wallenberg fu convocato da Malinovskij nel suo quartier generale a Debrecen il 17 gennaio 1945, perché si difendesse dalle accuse di spionaggio che pendevano contro di lui. Lui disse ai suoi amici: «Sto andando da Malinovskij... se come ospite o come prigioniero ancora non lo so».

In seguito fu arrestato dai russi e da quel momento in poi il suo destino è incerto. L'8 marzo 1945 la radio ungherese – ormai sotto il controllo dei sovietici – annunciò che Wallenberg era stato ucciso mentre si recava a Debrecen. Era implicito che fosse stato eliminato dalla Gestapo o dal gruppo fascista ungherese delle Croci frecciate. Il resoconto sovietico della sua morte fu accettato dal governo svedese e ciò pose formalmente fine alla questione.

Wallenberg sopravvisse?

Di fatto ci sono altre versioni della morte di Wallenberg, tutte incoerenti, e teorie che lo dichiarano sopravvissuto. Il 6 febbraio 1957 i russi divulgarono un documento datato 17 luglio 1947 secondo cui «nella notte, il prigioniero Wallenberg è stato colto da morte improvvisa nella sua cella, probabilmente per effetto di crisi o insufficienza cardiaca». Il documento era firmato dal direttore dell'ospedale interno alla prigione della Lubjanka.

Un'altra dichiarazione russa risale al 1991 e questa volta fa seguito a un'indagine governativa sulle sorti di Wallenberg. L'inchiesta conclude che era stato ucciso – forse avvelenato – alla Lubjanka nel 1947. Nel 2000 il caso è tornato alla ribalta quando Aleksandr Jakovlev dichiarò di aver saputo da Vladimir Krjučkov, ex capo della polizia segreta sovietica, che a Wallenberg avevano sparato (le motivazioni rimasero imprecisate).

Un'altra versione ancora sostenne che lo svedese era stato avvelenato dagli uomini del NKVD (precursore di KGB/FSB), poi l'agosto 2016 ha visto la scoperta di un diario del capo del KGB Ivan Serov, che aveva scritto: «Non ho dubbi che Wallenberg sia stato liquidato nel 1947».

D'altro canto molti hanno invece sostenuto che sia riuscito a sopravvivere. Nel febbraio 1949 un prigioniero di guerra tedesco affermò di aver visto Wallenberg in un campo di transito a Kirov. E non solo lo aveva visto, ma gli aveva sentito dire all'ufficiale tedesco che era un diplomatico svedese e sotto la custodia sovietica «per un grave errore». Ancora, Greville Wynne, una spia britannica imprigionata dai russi, testimoniò di aver parlato con un uomo alla Lubjanka che sosteneva di essere un diplomatico svedese.

In un'altra versione della vicenda, questa volta sostenuta da un russo, Wallenberg fu visto sull'Isola di Wrangel nel 1962. Anche una prigioniera sostenne di averlo visto negli anni Sessanta, in un gulag russo. Vari altri «avvistamenti» si sono avvicendati fino agli anni Ottanta, sempre in luoghi come prigioni ed ospedali psichiatrici.

Le probabilità e il consenso generale propendono per la tesi che Wallenberg sia stato ucciso nel corso del 1947. L'interrogativo che ha sconcertato per anni, semmai, è perché i russi lo avessero arrestato. Non c'è dubbio che fosse un grande filantropo, cui va il merito di aver salvato migliaia di vite. Assai meno noto però è che lavorava anche per l'OSS (il precursore della CIA). Vari documenti divulgati dalla CIA confermano che era «un agente dell'OSS» e che fungeva da collegamento tra l'agenzia e i combattenti della Resistenza ungherese. Ciò dà almeno una parvenza di logica al trattamento riservatogli dai sovietici. I loro agenti in Ungheria sapevano certamente delle attività di Wallenberg e si ipotizza che sia stato Vilmos Böhm, politico ungherese e agente sovietico, a tradirlo presso i russi.

È difficile giungere a una conclusione definitiva perché gran parte del materiale su di lui resta classificato, soprattutto gli archivi russi. La spiegazione più probabile è che il suo legame con l'OSS e la Resistenza ungherese abbia insospettito i sovietici: una volta arrestato, rimase probabilmente in carcere per un anno o due e poi, divenuto di nessuna utilità, fu ucciso. Resta la possibilità che sia sopravvissuto molto più a lungo, ma quasi certamente la verità non verrà mai a galla.

I NAZISTI IN ANTARTIDE 12

L'ungherese Ladislao Szabo, emigrato in Argentina, fu il primo a sostenere che esistevano basi segrete naziste in Antartide. Lo affermò già nel luglio 1945, alludendo a una presunta fuga di Hitler nel continente dei ghiacci a bordo di un U-boot tedesco. Più tardi il negazionista della Shoah Ernst Zündel dettagliò maggiormente quelle asserzioni e altri, soprattutto Howard Buechner, le elaborarono ulteriormente.

Buechner era interessato a «reliquie sacre» come la Lancia del Destino, che si diceva avesse trafitto il costato di Cristo sulla croce. A quanto sembra fu contattato da un individuo che sosteneva di essere stato membro di una missione volta a far giungere segretamente la lancia in una base antartica. Si faceva chiamare capitano Wilhelm Bernhart, disse Buechner, ma ammetteva che quello non era il suo vero nome. «Bernhart» affermava di aver portato la lancia in Antartide nel 1945 a bordo di un sottomarino e di avere in seguito aiutato «un gruppo di uomini d'affari tedeschi» a recuperarla nel 1979, durante la cosiddetta «Spedizione Hartmann». Mostrò a Buechner una lettera con la presunta firma di Hartmann insieme ad alcune fotografie e al diario della spedizione. Stando a Bernhart, il capitano Maximilian Hartmann – altro pseudonimo – aveva ricevuto il compito di trasportare la lancia in Antartide insieme ad altri tesori del Reich; poi nel 1979 la «Spedizione Hartmann» l'aveva recuperata e riportata in Europa, dov'era ormai in possesso dell'ordine esoterico dei «Cavalieri della Lancia sacra».

LA SPEDIZIONE BYRD

La Germania aveva rivendicato la Terra della Regina Maud ribattezzandola Neu Schwabenland (Nuova Svevia) e negli anni 1938-1939 una spedizione nazista aveva esplorato la regione, scattandone diverse immagini. Questo è universalmente assodato, ma che cosa la spedizione avesse trovato laggiù è oggetto di un acceso dibattito, come pure la presenza o meno nell'area di una qualche sorta di «colonia» tedesca.

Buechner sostiene che la spedizione individuò zone libere dai ghiacci, scoprendo laghi e vegetazione nell'entroterra. Ciò ha alimentato la leggenda della Stazione 211 (o Punto 211, come talvolta è chiamata), una presunta base tedesca nella regione. Buechner non la menziona nei suoi libri, ma lo fanno altri scrittori. Quanti credono nella sua esistenza attribuiscono grande importanza alle parole dell'ammiraglio Karl Dönitz, che nel 1943 avrebbe dichiarato:

> La flotta sottomarina tedesca è fiera di avere costruito per il Führer, in un'altra parte del mondo, uno Shangri-La in terra, una fortezza impenetrabile.

La Stazione 211 viene in genere ubicata all'interno di un monte libero dai ghiacci tra le Montagne di Mühlig-Hofmann della Nuova Svevia. Buechner e altri hanno sostenuto che la spedizione antartica del 1946-1947, guidata dall'ammiraglio Byrd, fosse in realtà un'invasione militare del continente con lo scopo di distruggere la roccaforte nazista al Polo Sud. Essi affermano che Byrd fu sconfitto dalla superiore tecnologia nazista e costretto a ritirarsi.

Buechner non cita la Stazione 211, ma propone una località alternativa nella stessa area. A suo dire l'equipaggio lasciò il proprio carico ai piedi di un ghiacciaio delle Montagne di Mühlig-Hofmann, scavando in profondità nel ghiaccio e proteggendolo con lastre d'acciaio. È chiaramente un racconto di fantasia. Implicherebbe che l'equipaggio avesse trovato una delle poche aree non coperte dalla calotta di ghiaccio, prima di avventurarsi nell'entroterra con una tonnellata d'acciaio al seguito. A parte le difficoltà logistiche, in alcune regioni dell'Antartide cadono fino a 18 metri di neve l'anno. Anche solo dopo venticinque anni il carico sarebbe stato sepolto da una coltre così spessa che sarebbe stato impossibile recuperarlo. Né appare sensato spingersi fino a una zona sgombra per poi seppellire il carico nel ghiaccio. Se esistesse veramente la Stazione 211 sarebbe un luogo assai più plausibile in cui nascondere i tesori nazisti.

La Spedizione Byrd al Polo Sud fu un disastro, con infortuni, fatalità e ben pochi risultati. Le morti e gli incidenti furono frutto del caso, anche se la caduta dell'aereo George One è stata attribuita dai complottisti al fuoco antiaereo dei nazisti, ansiosi di tenere alla larga gli americani. L'idea che i nazisti dell'Antartide fossero in grado di respingere un'invasione americana su vasta scala è ovviamente frutto di pura immaginazione.

Tra il 1956 e il 1960 una spedizione norvegese si recò a mappare la Terra della Regina Maud tramite foto aeree e rilevamenti topografici. Scoprì una montagna libera dai ghiacci che corrispondeva perfettamente alla descrizione della Stazione 211 e la chiamò Svarthamaren (Martello nero). La regione fu designata «area protetta» e «sito di particolare interesse scientifico» nel 1978. Fu definita «un eccezionale laboratorio di ricerche naturali per lo studio del petrello antartico (*Thalassoica antarctica*), del petrello delle nevi (*Pagodroma nivea*) e dello stercorario di McCormick (*Catharacta maccormicki*), nonché del loro adattamento alla riproduzione nell'entroterra dell'Antartide».

I LEGAMI CON L'ARGENTINA

Naturalmente i cospirazionisti vedono nella designazione dell'area un espediente per evitare che la roccaforte nazista venga scoperta. Forse non sbagliano a sospettare che ci siano altri motivi oltre alle scienze naturali per mantenere riservata quella parte dell'Antartide, ma l'idea che la ragione sia nascondere un covo di nazisti è del tutto fantasiosa.

Anche l'Argentina avrebbe un suo ruolo nella presunta base antartica. È noto che alcuni nazisti riuscirono a fuggire in America meridionale e si rifugiarono in Argentina, Brasile, Cile e Paraguay. Non c'è dubbio che proseguì un'attività dei sottomarini tedeschi con l'appoggio dei peronisti, allora al potere in Argentina. Già si è citata la misteriosa resa alle autorità argentine dei due U-boot tedeschi il 10 luglio e il 17 agosto 1945. I sostenitori dell'esistenza di una base nazista in Antartide considerano il loro viaggio una «prova» a sostegno delle proprie asserzioni.

Un'ulteriore dimostrazione del legame tra i nazisti e l'Argentina venne fornita dall'agenzia France-Presse, che il 25 settembre 1946 dichiarò: «Le continue voci in merito a un'attività di U-boot tedeschi nell'area della Terra del Fuoco, tra l'estremo sud dell'America meridionale e il continente antartico, si fondano su fatti realmente accaduti».

IL TESORO DEI NAZISTI

Molti anni dopo la «Spedizione Hartmann» si recò nell'Antartide a recuperare la Lancia sacra e altri tesori del Terzo Reich. Nel 1969 Rudolf Hess entrò in ospedale per farsi curare un'ulcera. Alcuni giorni dopo un ex membro dell'equipaggio di *U-530*, uno dei due sottomarini che si erano arresi all'Argentina alla fine della guerra, si vide consegnare la chiave di una cassetta di sicurezza in una banca svizzera. La cassetta conduceva a un'altra, contenente alcune buste sigillate. Il messaggio era firmato «H».

L'inviato trovò istruzioni di consegnare i contenuti della cassetta al custode della Lancia del Destino e di altri beni dei nazisti. Nel libro di Buechner è chiamato colonnello Maximilian Hartmann.

Hartmann era rimasto in Germania dopo la guerra, ma le sue ultime azioni erano state volte ad assicurare che Martin Bormann e altri gerarchi lasciassero il paese a bordo di sottomarini. L'ex marinaio dell'U-boot gli consegnò le buste e il loro contenuto lo elettrizzò. Una era un messaggio di Karl Haushofer e rivelava l'esatta ubicazione di alcuni forzieri di bronzo inviati in Antartide a fine conflitto.

La seconda dava istruzioni ad Hartmann di ricreare il Gran consiglio dei «Cavalieri di Himmler» sotto un nuovo nome: i «Cavalieri della Lancia sacra», ordine che si presumeva dedito al perseguimento della pace nel mondo. La terza busta conteneva il denaro necessario ad Hartmann per istituire l'ordine e recuperare la Lancia del Destino dal suo nascondiglio in Antartide.

Buechner affermò:

> Il gruppo ora aveva uno scopo del tutto diverso. La finalità dominante del nuovo corso sarebbe stata il conseguimento

della pace nel mondo. Si prefiggeva come obiettivo centrale anche la riunificazione della madrepatria. Di fondamentale importanza erano il potere e la guida della Lancia sacra.

Dopo una serie di vicissitudini degne di un intreccio *pulp*, Hartmann e altri tre Cavalieri arrivarono nell'Antartide in elicottero. Riuscirono a localizzare le lastre d'acciaio che proteggevano l'entrata del nascondiglio. Scoprendo l'ingresso, videro un tunnel rivestito d'acciaio che si addentrava nel fianco della montagna per una decina di metri e in cui scorsero colonne di ghiaccio. Al termine della galleria giunsero a una piccola caverna. Questa conteneva la camera che celava i «tesori del Reich». Un piccolo obelisco segnava il punto esatto e recava un'iscrizione che diceva: «Davvero ci sono più cose in cielo e in terra di quante l'uomo abbia potuto sognare (oltre questo punto c'è Agharta) Haushofer 1943».

Secondo il «diario» della spedizione, videro otto grandi forzieri di bronzo. Gli otto uomini scoprirono con delusione che riuscivano a trasportarne solo quattro all'elicottero.

Quando aprirono quello che conteneva la lancia, videro «un astuccio di cuoio stinto».

Buechner sostiene che Hartmann e i suoi tornarono in Brasile, dove ottennero documenti falsi per la lancia, presentandola come oggetto d'arte. Oltrepassarono la dogana senza intoppi e tornarono quasi tutti in Germania. Hartmann poi proseguì per l'America, dove incontrò un ex marinaio dell'U-boot. Secondo Buechner, l'uomo ricevette un diario della spedizione e una lettera firmata che ne testimoniavano l'autenticità. Hartmann ritornò in Germania con la lancia. Questa, afferma Buechner, è ora in possesso dei Cavalieri della Lancia sacra.

A questo punto entra in scena anche Himmler. Si sostiene infatti che, inviando i nazisti a colonizzare l'Antartide, egli sarebbe riuscito a preservare la razza ariana in un ambiente sicuro. Usò i sottomarini per trasportare armi, strumenti, materie prime, apparecchiature e persone alla base del Polo Sud.

IL REICH ANTARTICO

Questo ulteriore filone del folklore antartico-nazista si deve fondamentalmente a Konstantin Ivanenko. Egli sostiene che già nel 1942 Himmler avesse creato una nuova «unità militare» di donne dai capelli biondi e dagli occhi azzurri tra i diciassette e i ventiquattro anni. Erano tutte alte e snelle e portavano uniformi azzurro cielo. Le giovani appartenevano all'ASF, Antarktischesiedlungensfrauen (Donne degli insediamenti antartici).

Secondo Ivanenko, 10.000 ucraine – metà «di etnia tedesca» e metà ucraine dichiarate «di razza pura» – erano state trasportate in Antartide dall'Ucraina insieme a 2500 uomini tedeschi. Questi erano per lo più soldati, benché ci fossero tra loro alcuni ingegneri e scienziati.

I soldati partiti con le donne «di razza pura» costituivano il leggendario «Ultimo Battaglione».

Si dice che l'avamposto antartico sia sopravvissuto a un'invasione degli Stati Uniti guidata da Byrd e Ivanenko afferma che:

> La popolazione totale dei nazisti in Antartide supera oggi i due milioni di persone e molti di loro si sono sottoposti a chirurgia plastica per muoversi più agevolmente in America meridionale e svolgere ogni sorta di transazioni economiche.

Aggiunge che il «Reich antartico», come lo chiama, «è uno degli stati militarmente più potenti del mondo», in grado di «distruggere più volte gli Stati Uniti con i suoi sottomarini armati di missili nucleari». La capitale, Neu Berlin, dice, si trova «in strette gallerie subglaciali» sotto una montagna, ed è riscaldata da «bocche vulcaniche». Con un supremo volo di fantasia, aggiunge che Neu Berlin sorge vicino alle «rovine preistoriche di Kadath, forse costruita da coloni del perduto continente di Atlantide ben oltre centomila anni or sono». Kadath, naturalmente, era un luogo fittizio creato dalla fervida immaginazione dello scrittore americano H.P. Lovecraft.

Barabou Veda (quasi certamente un altro pseudonimo) aggiunge ulteriori dettagli a proposito della base nazista in Nuova Svevia. Sostiene di aver trascorso i primi quindici anni della sua vita in quel luogo dove, sorprendentemente, la lingua parlata dagli abitanti non era il tedesco, ma l'inglese o «indiano».

Secondo Veda alla base vivono anche degli alieni, che collaborano strettamente con i nazisti. A un certo punto afferma (senza la minima traccia di ironia) che le lattine vuote di Coca-Cola rappresentano una moneta di «scambio» per la tecnologia superiore degli extraterrestri. Forse non è un caso che in Germania gli sia stata diagnosticata la schizofrenia e abbia trascorso del tempo in un istituto di igiene mentale.

Secondo Vladimir Terziski la regione antartica della Nuova Svevia era stata fortemente colonizzata da navi e sottomarini carichi di persone e materiali, destinati alla base sottoterra. C'erano «varie centinaia di migliaia di schiavi da campi di concentramento», oltre a scienziati e membri della Gioventù hitleriana che si dedicavano a ricreare il Terzo Reich al Polo Sud. Terziski parla di «una vasta città sotterranea» con «una popolazione di due milioni di abitanti» e di una capitale chiamata Nuova Berlino. Le principali attività sono ingegneria genetica e viaggi spaziali.

Branton (altro pseudonimo) è, se possibile, ancora più audace di Terziski nelle sue asserzioni. Sostiene che le SS continuano a vivere nel sottosuolo e conducono esperimenti genetici. A suo dire ci fu un «patto degli Illuminati nazisti tedeschi» con le «razze serpente». Branton crede di essere stato rapito dagli alieni fin dalla prima infanzia e che molti dei suoi rapimenti avessero come teatro basi sotterranee della CIA. Sostiene di aver incontrato «ibridi», nordici, telosiani, alieni «arancioni» e il leggendario Piedone (o Bigfoot). Afferma non solo che i nazisti sono atterrati sulla Luna e su Marte, ma anche che la Marconi Company è arrivata su Marte nel 1956. Spiega che, nelle loro basi antartiche, i nazisti hanno potuto continuare a mettere a punto le loro armi avanzate fino ad acquisire la capacità di effettuare voli spaziali e di fondare colonie sulla Luna e su Marte. Essi possiedono, a suo dire, «corazzate interplanetarie».

Alcune delle teorie esposte in questo capitolo possono sembrare spericolati voli di fantasia, ma non si può negare che sotto i nazisti si siano compiuti enormi progressi scientifici in termini di tecnologia, aviazione, armamenti e persino ricerche aerospaziali. Non sorprende perciò che l'idea di basi segrete naziste nell'Antartide generi una miriade di teorie complottiste.

MISCELLANEA DI MISTERI 13

IL TRENO FANTASMA NAZISTA

Viene spesso confuso con il «treno d'oro» nazista, ma quest'ultimo potrebbe non essere mai esistito e finora non si è trovata alcuna prova del contrario.

Il «treno fantasma» invece era ben reale. Trasportava nei campi tedeschi i prigionieri politici e i piloti alleati detenuti nella prigione di Saint Gilles, a Bruxelles. Il 2 settembre 1944 venne riempito con 41 aviatori nemici e 1370 prigionieri politici, ma non riuscì a trasportarli fino in Germania per l'intervento degli operai delle ferrovie. Questi sapevano che le truppe alleate erano ormai alle porte e ritardarono la partenza del convoglio quanto bastava perché i tedeschi rinunciassero all'idea. In seguito i nazisti avrebbero rilasciato i prigionieri politici alla stazione di Klein-Eland/La Petite-Ile e usato il treno per riportare i loro soldati a combattere in patria.

Il convoglio era formato da trenta vagoni merci e il gruppo originario di passeggeri fu fatto salire alla stazione di Bruxelles-Midi, con partenza in programma la mattina presto. L'ostruzionismo dei lavoratori belgi tuttavia impedì al treno di muoversi fin quasi alle cinque del pomeriggio. Ulteriori ritardi lo fecero arrivare a Mechelen/Malines solo in serata e in seguito dovette comunque fermarsi a Muizen per il rifornimento d'acqua. Il mattino dopo, atti di sabotaggio lo ritardarono di nuovo mentre lasciava la stazione di Muizen e fu costretto a tornare a quella di Klein-Eland/La Petite-Ile alle 10.15. Lì interruppero il suo viaggio staccando la locomotiva e fingendo di non riuscire a trovarne una adatta in sostituzione.

Poi la Croce Rossa cominciò a negoziare con i tedeschi e questi accettarono di liberare i prigionieri politici. Scesi quelli salirono i soldati nazisti, ma il treno arrivò soltanto all'altezza di Schaerbeek prima di esser fatto volutamente finire alla stazione di smistamento. Diversi vagoni deragliarono e bisognò evacuarli, mentre gli aviatori alleati che non erano stati rimessi in libertà approfittarono della confusione per scappare. Alla fine i tedeschi riuscirono a far ripartire il convoglio e si diressero in Germania.

Il «treno fantasma», insomma, non era affatto uno spettro: sia i nazisti sia i lavoratori belgi ebbero ben presente ogni suo spostamento per l'intero tragitto.

I PRIGIONIERI BRITANNICI AD AUSCHWITZ

Lavorando presso il Museo di Auschwitz uno storico polacco ha scoperto i nomi di diciassette prigionieri britannici che furono rinchiusi nel campo di sterminio. L'elenco è stato ritrovato per caso, rovistando tra le macerie di un bunker del campo di concentramento di Monowitz, detto anche Auschwitz III dai nazisti. Gli schiavi del campo lavoravano per la IG Farben, ditta produttrice di gomma e, accanto a questo campo di lavoro, ce n'era uno destinato ai prigionieri di guerra, l'E715, che includeva svariate centinaia di prigionieri britannici, anch'essi impegnati come lavoratori-schiavi.

Quattordici dei nomi sulla lista si leggono ancora, tre sono ormai illeggibili. Quelli decifrabili sono: Osborne, Lawrence, Gardiner, Lamb, Symes, Saunders, Dunne, Dunn, Hutton, Holmes, Clark, Manson, Auty e Steinger.

Erano stati scritti a matita su un cartoncino e sei di questi nomi - Gardiner, Dunne, Dunn, Holmes e Clark, oltre a uno illeggibile - avevano vicino una spunta, che probabilmente ne indicava la morte.

L'identità di gran parte dei prigionieri è sconosciuta. «Gardiner» è stato identificato come James William Gardiner della Royal Artillery. Fu ucciso da «fuoco amico» nel corso di un raid aereo americano ed è sepolto nel cimitero Rakowicki di Cracovia.

Gli esperti non hanno stabilito con certezza quale fosse la condizione di quei detenuti. Secondo alcuni erano prigionieri di guerra ebrei mandati al campo a morire, secondo altri potevano costituire una divisione britannica delle SS che aveva combattuto al fianco dei nazisti durante la guerra. La spiegazione più probabile, considerato che si trovavano nella sezione dei prigionieri di guerra, è che fossero soldati o aviatori britannici catturati dai tedeschi e rinchiusi nel peggior luogo di detenzione possibile.

Alcuni storici polacchi hanno contattato gli archivi militari britannici nella speranza di identificare gli altri sedici soldati sulla lista.

È noto che ad Auschwitz si detenessero anche prigionieri di guerra, britannici o di altre nazionalità. Molti erano costretti ai lavori forzati per la IG Farben: ebbero sotto gli occhi brutalità e massacri, e almeno uno di loro fu ucciso da una guardia per essersi rifiutato di arrampicarsi su una trave nel freddo glaciale.

C'erano centinaia di prigionieri britannici solo ad Auschwitz, quindi è altamente probabile che i diciassette elencati dalla lista fossero tra loro: uomini che, invece di essere trattati secondo i termini della Convenzione di Ginevra, erano costretti a lavorare come schiavi e ad assistere al genocidio in corso. Pochi di quanti riuscirono a sopravvivere parlavano volentieri di quella esperienza.

I CANI RUSSI ANTICARRO

Durante l'invasione tedesca dell'Unione Sovietica l'esercito russo fece ricorso a cani specificamente addestrati per trasportare esplosivi. Venivano mandati incontro a carri armati, mezzi blindati e altri obiettivi militari. In origine l'idea era che depositassero l'ordigno e tornassero dall'addestratore, ma i ripetuti esperimenti di questo tipo fallirono. Allora i russi si limitarono ad attaccare addosso ai cani le bombe che, esplodendo, uccidevano anche loro oltre al nemico.

Gli animali non venivano addestrati direttamente dall'esercito ma da poliziotti, cacciatori e addestratori di professione. Furono anche coinvolti alcuni etologi per migliorare l'efficienza del programma.

Si agganciava la bomba addosso al cane, che veniva addestrato a individuare i mezzi nemici, e al momento del contatto con l'obiettivo l'ordigno veniva fatto esplodere. Un espediente usato durante il training era quello di affamare i cani e poi mettere il loro cibo sotto i carri armati. Via via che gli animali adattavano il loro comportamento si introducevano anche altri fattori, come fuoco di proiettili, rumore di motori e altri elementi tipici della battaglia.

Le mine utilizzate pesavano 10-12 chilogrammi ed erano

trasportate in due sacche di tela, non portavano contrassegni ed erano provviste di spille da balia, rimosse subito prima dell'azione. Dalle sacche sporgeva un'asta di legno e, quando il cane si intrufolava sotto il carro armato, la leva abbassandosi azionava la carica esplosiva.

Sul finire dell'estate del 1941 furono inviati al fronte trenta cani e quaranta addestratori. Subito si evidenziarono problemi che misero in dubbio la reale utilità del sistema. I cani erano stati addestrati con carri statici e rifiutavano di andare incontro a mezzi in movimento. Molti inoltre erano spaventati dal fuoco d'artiglieria e scappavano, con il rischio di far esplodere le mine altrove, magari uccidendo soldati russi. Solo quattro dei trenta addestrati riuscirono a far scoppiare il proprio ordigno vicino a carri tedeschi e non è chiara l'entità del danno effettivamente causato. È confermato che sei uccisero accidentalmente soldati russi e che tre furono ammazzati dai nazisti.

Un altro problema derivava dal fatto che i cani erano stati addestrati con i carri sovietici a motore diesel, non con quelli a benzina del nemico. Erano perciò attirati dall'odore familiare dei mezzi russi, il che di nuovo li rendeva pericolosi per la «loro» parte.

Malgrado le difficoltà il programma diede qualche risultato. A Hlukhiv sei cani riuscirono a danneggiare cinque carri armati tedeschi e, vicino a Stalingrado, a distruggere tredici mezzi nazisti. Un eguale successo si ebbe nella Battaglia di Kursk, in cui dodici carri tedeschi all'attacco del fronte russo furono messi fuori uso da sedici cani. Quando i nazisti compresero lo stratagemma dei cani anticarro ricorsero a contromisure estreme. Ogni soldato ricevette ordine di uccidere qualunque cane vedesse, anche se non era direttamente coinvolto nei combattimenti.

Nel 1942 i russi parevano ormai aver perso interesse per il progetto. Da quel momento addestrarono per lo più i cani a scovare mine o li usarono per effettuare consegne. Ciò nonostante ha continuato a esistere un programma di addestramento cani anticarro, ancorché su scala ridotta, fino al 1996.

La reale efficacia dei cani usati come arma contro i mezzi nemici è un tema controverso. Le autorità sovietiche affermarono che in quel modo si erano danneggiati o distrutti trecento carri armati tedeschi, ma gli storici moderni, anche russi, la considerano mera propaganda. Certo si ottenne qualche successo, ma il fatto che la strategia fu sostanzialmente abbandonata fin dal 1942 fa pensare che la sua efficacia fosse marginale.

Tra il 1941 e il 1942 l'esercito sovietico impiegò quarantamila cani in combattimento, con le più diverse mansioni. I soldati tedeschi però li consideravano inefficaci e, anche accettando le cifre ufficiali del governo sovietico, l'entità del sacrificio di vite fu decisamente spropositata rispetto ai suoi effetti in termini di distruzione dei mezzi nemici: quarantamila cani ottennero al massimo – e persino questa cifra appare altamente improbabile – trecento successi.

LA «MALEDIZIONE» DELLA TOMBA DI TAMERLANO

Il condottiero mongolo Timur, reso immortale da Christopher Marlowe nel suo *Tamerlano il Grande* e con questo nome più noto in Occidente, era uno spietato signore della guerra e un abile conquistatore di terre. In India fece costruire una piramide fatta di settantamila teschi umani e si narra che abbia ucciso circa 17 milioni di persone, benché la cifra sia probabilmente esagerata.

Alla sua morte fu posto in un mausoleo che è considerato uno straordinario esempio di architettura mongola: alcune delle sue caratteristiche furono replicate nel Taj Mahal. Il luogo del suo ultimo riposo sorge nell'odierno Uzbekistan, ma oggi restano solo le fondamenta della tomba, uno dei quattro minareti originari e l'ingresso.

Contiene due iscrizioni. La prima, sulla lapide, dice: «Quando risorgerò dalla morte la Terra tremerà», la seconda, all'interno della tomba, proclama: «Chiunque profanerà la mia tomba sguinzaglierà un invasore più terribile di me». Questa seconda iscrizione ha dato origine alla leggenda della «maledizione».

Stalin ordinò che la tomba di Tamerlano fosse aperta nel 1941 e due giorni dopo fu lanciata l'Operazione Barbarossa: i nazisti invasero l'Unione Sovietica, avanzando inesorabilmente. Tre anziani avevano messo in guardia il team di scavatori russi dalla «maledizione di Timur», ma erano stati ignorati. I ripetuti fallimenti nel tentativo di respingere i tedeschi indussero Stalin a ripensarci. Ordinò che il corpo dell'antico conquistatore fosse riportato nel mausoleo, con tanto di funerale musulmano. Nel dicembre 1942 pertanto la salma tornò al suo luogo di riposo e da quel momento le sorti della guerra cominciarono gradualmente a mutare, finché i nazisti non vennero sconfitti.

Stalin aveva davvero scatenato la «maledizione della tomba di Tamerlano»? Era stato il gesto di riportare il conquistatore nel mausoleo a cambiare il corso della guerra? Coincidenza o no, è un'interpretazione avvincente delle vicende belliche.

IL MISTERO DI DUNKERQUE

Il maggio 1940 segnò un momento decisivo nel secondo conflitto. Truppe tedesche attraversarono il Belgio per attaccare la Francia; truppe inglesi e francesi vennero inviate nell'area a respingere l'offensiva.

I comandanti alleati, anche prima dell'incidente di Mechelen, prevedevano che l'invasione sarebbe stata di fatto una replica del Piano Schlieffen, già attuato nella Prima guerra mondiale, in cui si colpiva la Francia dal Belgio sud-occidentale evitando le Ardenne.

L'Alto Comando tedesco tuttavia, in accordo con Hitler, aveva deciso per una linea d'attacco più subdola e rischiosa.

I carri armati avrebbero costituito l'avanguardia della forza d'invasione e, varcando le Ardenne, avrebbero intrappolato l'esercito inglese in territorio belga tagliando fuori le forze francesi e di lì marciando alla volta di Parigi.

Il piano somigliava per molti versi alla via intrapresa dall'esercito prussiano nel 1870, che aveva sconfitto i francesi a Sedan. I comandanti alleati avrebbero dovuto per lo meno considerare la possibilità di un tale approccio, ma non lo tennero in alcun conto. Erano ossessionati dall'idea che l'impeto principale sarebbe giunto dal Belgio e che eventuali manovre tedesche in altri settori del Fronte Occidentale fossero mere diversioni.

L'opera di disinformazione

L'ammiraglio Canaris alimentò quella tendenza monomaniacale con un'abile campagna di disinformazione. Era già riuscito a ingannare gli Alleati nel 1940 riguardo alle invasioni di Norvegia e Danimarca, che avevano preso britannici e francesi del tutto alla sprovvista. Ora si adoperò per dare l'impressione che il principale attacco contro la Francia sarebbe stato sferrato attraverso il Belgio.

Abboccarono tutti: il comandante delle forze francesi, generale Maurice Gamelin, il capo di stato maggiore imperiale, generale sir Edmund Ironside, e il comandante del Corpo di spedizione britannico, Lord Gort. Gamelin e Ironside erano in estasi all'idea che i nazisti avrebbero seguito un piano già fallito all'epoca della Grande Guerra. Si ordinò di inviare il grosso dell'esercito francese in Belgio per sferrare un attacco alle posizioni tedesche.

I tedeschi non avrebbero potuto chiedere di meglio. Si erano aspettati che Gamelin dividesse le forze, mantenendo difesa anche la via delle Ardenne, oltre a prevenire l'approccio belga. Lui invece, malgrado i timori del generale Alphonse Georges che gli consigliava una condotta più prudente, dedicò la maggior parte delle truppe al solo attacco in Belgio. La Settima armata francese poi ridusse ulteriormente le capacità difensive degli Alleati nelle Ardenne avanzando verso Breda, in Olanda. Georges era inorridito per quello che considerava un inutile azzardo, ma Gamelin lo scavalcò, con conseguenze disastrose.

La rapida avanzata degli Alleati incontrò una resistenza minima, se non nulla. La Luftwaffe brillava per assenza e alcuni ufficiali britannici cominciarono a preoccuparsi. Kim Philby, dall'alto della sua esperienza non solo come spia, ma anche come corrispondente di guerra del «Times», disse a un giornalista americano: «È andata troppo liscia. Con la potenza aerea che si ritrova, perché non ci ha minimamente disturbato? Che cosa sta tramando?».

Gli Alleati scoprirono ben presto la risposta a questa domanda. In Olanda e in Belgio c'erano truppe tedesche, ma solo in quantità sufficiente a ingannare il nemico. Gamelin, convinto che il territorio delle Ardenne fosse troppo impervio per penetrarvi con i carri armati, rifiutava anche solo di considerare la possibilità di un attacco tedesco da quella direzione.

Mentre gli Alleati marciavano sempre più verso nord, i carri armati tedeschi attraversavano lentamente le Ardenne del tutto inosservati. Il 12 maggio varcarono la Mosa e la loro inesorabile avanzata creò una falla di 80 chilometri nel fronte degli Alleati. Le limitate difese francesi nella regione capitolarono sotto il fuoco incessante di carri armati e aerei nemici.

Gli Alleati decidono di ritirarsi

Passarono tre giorni prima che Gamelin cogliesse la vastità del disastro. Non solo le truppe tedesche si preparavano a marciare su Parigi, ma le forze britanniche e francesi in Belgio e Olanda erano costrette a ritirarsi nel disperato tentativo di salvare il salvabile.

Al fiasco militare poi si aggiunse l'incapacità di collaborare. Le truppe britanniche non avevano idea della gravità della situazione francese e cominciarono a protestare che i francesi non facevano la loro parte. Gamelin pareva incapace di un'azione decisa e il 19 marzo fu rimosso e sostituito dal generale Maxime Weygand.

Poi Gort si lamentò di non ricevere istruzioni chiare dalla Gran Bretagna. Scrisse amareggiato che «la totale mancanza di una direttiva superiore» stava «logorando tremendamente i nervi di noi tutti». Alla fine Churchill gli ordinò di contrattaccare, ma era ormai troppo tardi. Gort scrisse indignato: «Come pensa che faremo a radunare otto divisioni e ad attaccare come ha suggerito?».

Frustrato dall'assenza di progressi, Churchill mandò Ironside da Gort affinché gli ordinasse di attaccare. Gort disse ad Ironside che né le forze britanniche né quelle francesi erano in grado di attuare quegli ordini. Con riluttanza poi accettò di condurre un piccolo contingente verso sud, passando per Arras.

Ironside parlò con gli alti ufficiali francesi in campo e li trovò completamente demoralizzati. Dopo qualche botta e risposta infuocato, acconsentirono a spostare le forze verso nord, ricongiungendole con quelle britanniche. Quando Ironside tornò a dare la notizia a Gort, questi rispose: «Non attaccheranno mai». Aveva ragione. Quando gli inglesi assaltarono Arras, i francesi rimasero inerti. A quel punto Weygand propose una diversa linea offensiva per i francesi. I tedeschi avevano provocato una frattura tra le posizioni degli Alleati e Weygand riteneva che il suo piano avrebbe potuto scongiurare il disastro.

Ormai però Gort aveva perso ogni speranza e annunciò che avrebbe dato immediatamente inizio all'evacuazione delle truppe britanniche. Di fronte al suo netto rifiuto di considerare qualunque alternativa alla ritirata, Weygand fu costretto ad abbandonare il piano. È impossibile stabilire con certezza se avrebbe funzionato: le sue idee non furono mai messe alla prova.

Il piano di evacuazione

La decisione di Gort di ritirarsi costrinse gli inglesi a delineare in fretta un piano di evacuazione navale, che prese il nome di Operazione Dynamo. Il 26 maggio le prime truppe britanniche lasciarono Dunkerque per tornare in patria. Ironside era disperato. Dava la colpa all'«incompetenza dell'Alto Comando francese». Sarebbero stati fortunati a salvare più di trentamila uomini, diceva.

Attesero sulle spiagge che i Panzer e la fanteria tedesca avanzassero su Dunkerque. Se lo avessero fatto, il porto sarebbe inevitabilmente caduto e le truppe britanniche sarebbero finite nelle mani del nemico.

L'attacco via terra tuttavia non giunse. I carri armati e i fanti tedeschi si tennero indietro e fu invece la Luftwaffe a bombardare i soldati inglesi. Un mix di nebbia, scarsa visibilità ed eroismo della RAF riuscì però a ostacolare in larga misura le sue azioni. I piloti britannici uscirono in volo quasi tremila volte per proteggere le truppe, e il 4 giugno erano stati evacuati con successo 337.000 uomini, 110.000 dei quali francesi. Fu la Royal Navy a trasportare il grosso dei militari, ma centinaia di piccole imbarcazioni attraversarono il canale dalla Gran Bretagna per

Le truppe evacuate da Dunkerque arrivano in Inghilterra, giugno 1940.

dare man forte e contribuire a trarre in salvo più gente possibile. Fu un risultato stupefacente, ottenuto in condizioni disperate. Quella che avrebbe potuto rivelarsi una catastrofe si tramutò quasi in un trionfo.

Senza dubbio il mancato uso di carri armati e fanteria da parte dei tedeschi fu un errore decisivo. Se si fossero mossi con le forze di terra contro le truppe alleate ben pochi uomini avrebbero potuto salvarsi.

Malgrado l'eroismo dimostrato a Dunkerque e l'efficacia dell'operazione di salvataggio, tuttavia, si era subita un'umiliante sconfitta. Hitler ordinò che le campane suonassero a distesa per tre giorni in segno di giubilo e Churchill disse cupamente: «Le guerre non si vincono con le evacuazioni».

Dunkerque rappresentò una grave sconfitta militare, ma le sue conseguenze sarebbero state ben peggiori se i soldati fossero caduti nelle mani del nemico. Si stenta a immaginare come la Gran Bretagna avrebbe potuto proseguire efficacemente la guerra senza più il grosso dell'esercito a disposizione.

Perché Rundstedt si fermò?

Da allora si è sempre dibattuto sul perché i tedeschi si fossero affidati alla Luftwaffe anziché attaccare con carri armati e fanteria. Hitler è stato accusato di aver ordinato loro di fermarsi, per un desiderio di non distruggere completamente i britannici o per un errore di valutazione. Göring è stato accusato di eccessiva sicurezza di sé e di aver detto boriosamente a Hitler che la Luftwaffe era in grado di finire il lavoro da sola.

Di certo si sa soltanto che il feldmaresciallo Gerd von Rundstedt ordinò alle sue truppe di non attaccare. Rundstedt sapeva che la metà dei suoi carri armati era ormai inservibile e voleva preservare i mezzi restanti per l'imminente attacco alle forze francesi.

La sua decisione diede ai difensori di Dunkerque tre giorni per rafforzare le loro posizioni ed evacuare le truppe. Hitler poi ordinò a Rundstedt di attaccare, ma a quel punto il grosso delle forze britanniche era in salvo. Dopo la guerra Heinz Guderian, comandante tedesco dei reparti corazzati, provò a interrogarsi su quel che sarebbe successo se Rundstedt avesse compiuto una scelta diversa, ma infine concluse:

> Impossibile a dirsi quale sarebbe stato il successivo corso della guerra, se allora fossimo riusciti a prendere prigioniero il Corpo di spedizione britannico a Dunkerque.

Realisticamente la sua cattura avrebbe reso impraticabile qualunque azione militare da parte della Gran Bretagna. La marina e l'aviazione avrebbero protetto l'isola al meglio delle loro possibilità, ma i tedeschi si sarebbero sentiti in grado di attaccarla direttamente.

L'eccesso di prudenza di Rundstedt a Dunkerque si può ritenere, a posteriori, uno dei più grossi passi falsi commessi nella Seconda guerra mondiale e divenne un punto di svolta nel conflitto. Dunkerque fu una sconfitta, ma avrebbe potuto essere una catastrofe. Dall'osservatorio privilegiato della storia, si può considerare la prima pietra delle fondamenta su cui si sarebbe edificata la vittoria.

ERRORE O COSPIRAZIONE?

Alla fine della Seconda guerra mondiale la situazione politica in Europa era in continuo mutamento. Gran Bretagna e America erano Stati alleati dell'Unione Sovietica contro le potenze dell'Asse e i russi erano ancora visti piuttosto di buon occhio.

Alla Conferenza di Yalta Stalin, Roosevelt e Churchill concordarono «sfere d'influenza» per le rispettive nazioni e, secondo i termini stabiliti dall'incontro, l'Europa orientale fu effettivamente posta nella sfera d'influenza sovietica. Il tutto fu ammantato di una parvenza di democrazia, ma Churchill e Stalin – il grado di coinvolgimento di Roosevelt è a tutt'oggi altamente controverso – sapevano che si trattava praticamente di un'annessione. Oltre all'Europa dell'Est, in realtà, Stalin aveva mire anche su Grecia, Finlandia, Austria e persino sull'Italia, ma queste nazioni non furono specificamente «assegnate» ai sovietici.

Già negli ultimi cinque mesi del conflitto europeo si erano prese decisioni strategiche che resero la conquista sovietica dell'Est Europa infinitamente più semplice. Si è dibattuto senza fine sulla motivazione di tali scelte militari: un riconoscimento della realtà dei fatti, un atto di ingenua fiducia nelle buone intenzioni e nella sincerità dei sovietici, l'effetto della propaganda nazista, che aveva indotto a ritenere le risorse tedesche più ingenti di quanto non fossero, o persino un consapevole atto di tradimento.

Le truppe di Montgomery erano più vicine a Berlino di qualunque altra forza alleata e il generale era ansioso di marciare sulla città, prendendola prima dei sovietici.

Militarmente avrebbe potuto farlo con facilità, in quanto ormai Berlino era quasi completamente sguarnita e i soldati tedeschi erano per lo più impegnati su altri fronti. Eisenhower invece gli ordinò di inviare i suoi uomini nel sud della Germania: l'occasione per gli Alleati occidentali di prendere la capitale tedesca, con gran parte dell'Europa orientale, era perduta e così furono i russi a impadronirsi di quel territorio.

Il feldmaresciallo Gerd von Rundstedt poco dopo la sua cattura da parte della Settima Armata degli Stati Uniti, nel 1945. Fu preso in un ospedale di Bad Tölz, dove si sottoponeva alle cure per l'artrite.

Sui motivi che indussero Eisenhower a dare l'ordine sono state formulate le teorie più diverse. La versione ufficiale – sostenuta dallo stesso Eisenhower e dal generale Omar Bradley – è che gli Alleati occidentali considerassero ormai Berlino poco più di un guscio vuoto: la sua presa avrebbe avuto un valore puramente simbolico, più che militare e politico.

Il «Ridotto alpino»

Secondo Bradley i comandanti alleati temevano fortemente la possibilità che i tedeschi organizzassero un'ultima resistenza nel cosiddetto «Ridotto alpino», una zona fortificata nella parte sud-occidentale di Germania e Austria. Anche Eisenhower afferma lo stesso, pur fornendo scarsi dettagli in merito.

Bradley avrebbe in seguito asserito che gli Alleati avevano molto sovrastimato l'entità delle risorse nemiche nella «Fortezza alpina» e temevano che un attacco fallimentare alla regione avrebbe comportato il consolidamento delle posizioni dei tedeschi, permettendo loro di passare al contrattacco con le letali armi di distruzione di massa in loro possesso. Si credeva che nel sottosuolo ne fossero depositate a centinaia, incluso un arsenale nucleare, e che dal Ridotto sarebbero state scagliate contro gli Alleati, con effetti devastanti.

Ci sono due scuole di pensiero sul «Ridotto alpino». Una ipotizza che fosse una fortezza fantasma uscita dalla vivida immaginazione di Goebbels. L'intelligence militare tedesca era particolarmente abile a propinare agli Alleati quel tipo di disinformazione. Per costruire il mito del Ridotto emanavano avvertimenti circa l'imminente arrivo di rinforzi e collocavano persino finti carri armati sul campo per ingannare gli aerei di ricognizione che fotografavano la zona dall'alto. Goebbels fece anche in modo che a giornalisti di paesi neutrali giungessero agghiaccianti testimonianze del suo potere, della sua forza e delle sue risorse.

Una visione alternativa a questa è che il Ridotto esistesse veramente e fosse più pericoloso di quanto oggi si tende a riconoscere. Berlino, a parte il bunker con Hitler e alcuni gerarchi, era stata rasa al suolo dai bombardamenti: a difenderla restava solo un manipolo sottoequipaggiato e ridotto all'osso. La Selva di Turingia invece alloggiava l'Alto Comando tedesco e numerose armi segrete. Sir Roy Fedden, ingegnere aeronautico, parlando del Ridotto, nel 1945, disse:

> Sotto questo aspetto non mentivano del tutto. Nel corso di due recenti visite in Germania ho visto abbastanza dei loro progetti e piani di produzione per capire che, se fossero riusciti a protrarre la durata del conflitto di alcuni mesi, ci saremmo ritrovati di fronte una serie di letali innovazioni nella guerra aerea. C'è qualche motivo di ritenere che a Hitler fossero stati promessi esplosivi atomici per l'ottobre di quest'anno [1945] e, se la Germania fosse stata la prima a usarli, l'idea di un totale capovolgimento delle sorti della guerra a partire da una piccola base nei monti del Sud-ovest, non sarebbe poi così campata per aria.

I servizi d'intelligence britannici dell'epoca confermavano le asserzioni di Fedden. La verità è che davvero erano stati costruiti campi d'aviazione e stabilimenti nella zona del Ridotto, e così pure ferrovie sotterranee per il trasporto delle armi. Sembra che vi fossero stati trasferiti gli armamenti più sofisticati e pericolosi.

Anche l'OSS (il precursore della CIA) emise rapporti in cui si dichiarava che la Germania aveva costruito un «Ridotto nazionale alpino armato e difeso», da dove progettava di «proseguire la battaglia». Questo seminò il panico nell'Alto Comando degli Alleati ed Eisenhower, Bradley e Patton cominciarono a crederci. Dopo aver appreso della sua esistenza, Patton scrisse tetro nel suo diario: «Possiamo ancora perdere questa guerra». A Bradley ed Eisenhower, pertanto, concentrare l'attenzione sul Ridotto per impedire un colpo di coda dei tedeschi cominciò a sembrare più importante che prendere Berlino.

Perché Eisenhower abbandonò l'Europa orientale?

Anche l'eventuale ulteriore avanzata degli Alleati occidentali ne risultò limitata. Patton, alla testa di 500.000 uomini, era entrato in Cecoslovacchia quasi senza incontrare resistenza. Era ansioso di prendere il paese prima dei sovietici e, in principio, Bradley, agendo per ordine di Eisenhower, gli aveva dato piena approvazione. Poi, per ragioni che restano controverse, Eisenhower mutò gli ordini. A Patton si comandò di non avanzare oltre un certo punto e di permettere che le truppe russe occupassero la porzione orientale del paese.

Si è detto che Stalin aveva bluffato, convincendo Eisenhower che le truppe sovietiche fossero più vicine di quanto non erano in realtà. Qualcuno ipotizza che Eisenhower si fosse perso d'animo all'ultimo momento. Secondo altri, alcune considerazioni politiche (Yalta aveva assegnato la Cecoslovacchia alla sfera d'influenza sovietica dopo il conflitto) lo rendevano poco incline a indisporre i russi con un'azione militare indipendente, che essi avrebbero potuto considerare ostile. Tutte queste motivazioni sono plausibili e possono aver avuto un ruolo nella decisione.

Esistono anche varie teorie complottiste. Una sostiene che Eisenhower, come disse uno dei suoi detrattori, era un «consapevole agente della cospirazione comunista»; altre danno la colpa a Roosevelt o ai suoi consiglieri Bernie Baruch e Harry Hopkins. Resta però poco chiaro in che misura le considerazioni politiche, piuttosto che quelle militari, guidarono la decisione.

La verità non sarà mai appurata con certezza, perché molti documenti del periodo bellico rimangono classificati e non disponibili, anche ai sensi del Freedom of Information Act. Non c'è dubbio che Eisenhower sia stato estremamente «parco di verità» nei due libri che ha scritto, in cui il tema è stato menzionato solo di sfuggita, e che l'insistenza di Bradley nell'attribuire la responsabilità a intelligence carente e sopravvalutazione della forza tedesca sia almeno in parte una scusa, più che il vero motivo alla base di quella decisione.

Che l'abbandono dell'Europa orientale al comunismo sia stato un cosciente atto di tradimento, un colossale passo falso strategico o una combinazione di errata valutazione militare e assenza di interesse politico è una questione ancora irrisolta. Quali che siano le ragioni, i suoi effetti si sono ripercossi in tutta Europa e nel resto del mondo per i successivi quarant'anni.

CHI HA DIPINTO IL MURALE ALLA NESS BATTERY?

Una vecchia installazione militare nelle Isole Orcadi, in Scozia, contiene un insolito murale. Fu dipinto durante la Seconda guerra mondiale e firmato «A.R. Woods». Poco si sa delle circostanze in cui fu realizzato e dell'identità dell'artista.

Un altro dipinto, questa volta del Tower Bridge, è stato venduto a un'asta in Canada nel 2011: era anch'esso firmato «A.R. Woods» e gli esperti hanno confrontato la firma con quella del murale scozzese. Lo stile delle due opere è simile. C'è inoltre un terzo dipinto, con la stessa firma e stile analogo, che ritrae il Pool of London.

Il candidato più probabile cui attribuire la paternità delle opere è Albert John Rycraft Woods, ex responsabile del molo al Tower Pier, sul Tamigi, che andò in pensione nel 1947. Era nato nel 1876 a Gravesend, nel Kent, e morì nel 1950. A complicare la faccenda fu, nel 1942, la pubblicazione dell'autobiografia di un certo A.P. Woods, *I guarded the Waterfront* («Ho difeso il fiume»). Il sottotitolo recitava: *Memorie di un responsabile di molo londinese*. Nel libro Woods parla del periodo della Prima guerra mondiale:

> Entrai nel Battaglione Deptford, Sedicesima Compagnia, Contea di Londra, e in breve tempo fui promosso sergente di plotone; quindi passai alla Caserma di Albany Street e lì, con il Secondo Reggimento Life Guards, feci un corso di addestramento all'uso della mitragliatrice. Diedi l'esame di istruttore.

Il resoconto del suo servizio militare riguarda solo il periodo del primo conflitto, ma all'interno della copertina c'è una fotografia che è esattamente identica al dipinto del Pool of London. Woods descrive di come avesse installato mitragliatrici in cima al Tower Bridge, sparando agli Zeppelin che tentavano di attaccare Londra.

Non fa menzione di alcun soggiorno nelle Orcadi ed è curioso che il nome sul frontespizio del libro sia appunto A.P. Woods, non A.R. Woods o A.J.R. Woods. La firma sui dipinti è uno pseudonimo? Lo è il nome dell'autore dell'autobiografia? A.P. Woods e A.R. Woods erano in realtà due persone diverse, a dispetto dell'apparente collegamento tra il dipinto del Pool of London e l'immagine dell'interno copertina?

Alcuni critici d'arte hanno osservato che il soggetto del murale alla Ness Battery somiglia a un villaggio del Kent. Woods veniva proprio dal Kent e forse aveva dipinto l'opera durante la permanenza nelle Orcadi perché gli ricordasse casa.

Appare più verosimile che A.R. Woods fosse l'autore di tutti e tre i dipinti, il responsabile del molo del Tower Bridge e anche l'autore dell'autobiografia pubblicata a nome A.P. Woods nel 1942. A tutt'oggi l'identità del misterioso pittore rimane incerta, ma questa è la soluzione più probabile dell'enigma.

INDICE ANALITICO

Titoli in collana

STORIA E STORIE

Callum MacDonald
Operazione Anthropoid
L'attentato a Reinhard Heydrich, il "boia di Praga"
pp. 400, € 18,00
EAN 9788809815070

Robin Waterfield
La ritirata di Senofonte
Lo scontro fra greci e persiani al tramonto dell'età classica
pp. 336, € 18,00
EAN 9788809815087

John Man
Saladino
Il condottiero che sconfisse i crociati
pp. 336, € 18,00
EAN 9788809815797

Stephen Dando-Collins
La legione di Cesare
Le imprese e la storia della decima legione dell'esercito romano
pp. 496, € 18,00
EAN 9788809815094

Joshua Levine
Somme. Voci dall'inferno
pp. 384, € 22,00
EAN 9788809830028

Sandro Matteoni
Sul confine dell'Impero
Imprese militari e vita quotidiana dei soldati di Roma
pp. 320, € 20,00
EAN 9788809820128

Richard Bassett
La spia delle spie
Wilhelm Canaris e il complotto per assassinare Hitler
pp. 448, € 18,00
EAN 9788809833074

STORIA E STORIE

Stephen Dando-Collins
L'assassinio di Germanico
Trame e misteri alla corte dei Cesari
pp. 354, € 20,00
EAN 9788809836037

Gordon Thomas - Greg Lewis
Guerriere nell'ombra
Le spie alleate che sfidarono il Terzo Reich
pp. 400, € 20,00
EAN 9788809847750

Brian Todd Carey
Annibale alle porte!
La guerra totale tra Roma e Cartagine
pp. 304, € 20,00
EAN 9788809860148

Gianmaria Donà dalle Rose
L'antipapa veneziano
Vita del Doge Leonardo Donà
pp. 192, € 20,00
EAN 9788809864450

Johnathan Kingsbury
Condottieri
I guerrieri che hanno fatto la storia
pp. 304, € 14,90
EAN 9788809889842

Jonathan Clements
Samurai, shōgun e kamikaze
La grande storia dell'impero del Sol Levante
pp. 368, € 14,90
EAN 9788809889866

John Man
Sulla Via della Seta
Marco Polo e l'incontro tra due mondi
pp. 352, € 14,90
EAN 9788809889293